學術筆記叢刊

鍾山札記 龍城札記 讀史札記

〔清〕盧文弨撰
楊曉春 點校

中華書局

圖書在版編目(CIP)數據

鍾山札記;龍城札記;讀史札記/(清)盧文弨撰;楊曉春點校. -北京:中華書局,2010.3(2013.1重印)
(學術筆記叢刊)
ISBN 978-7-101-06928-0

Ⅰ.①鍾…②龍…③讀… Ⅱ.①盧…②楊… Ⅲ.筆記-中國-清代-選集 Ⅳ.Z429.49

中國版本圖書館CIP數據核字(2009)第135128號

責任編輯:張繼海 石 玉

學術筆記叢刊
鍾山札記 龍城札記 讀史札記
〔清〕盧文弨 撰
楊曉春 點校
*
中華書局出版發行
(北京市豐臺區太平橋西里38號 100073)
http://www.zhbc.com.cn
E-mail:zhbc@zhbc.com.cn
北京瑞古冠中印刷廠印刷
*
850×1168毫米 1/32·7⅝印張·2插頁·180千字
2010年3月第1版 2013年1月北京第2次印刷
印數:3001-5000册 定價:23.00元

ISBN 978-7-101-06928-0

前言

鍾山札記、龍城札記、讀史札記，是清乾隆時期著名學者盧文弨的三部學術筆記。

盧文弨，字召弓，號磯漁，又號檠齋，晚號弓父，其藏書樓名抱經堂，因又號抱經，而人稱抱經先生。先世居浙江餘姚，後遷杭州，舊居數間草堂在杭州東里坊，故盧氏的文章多自署「杭東里人」。生於康熙五十六年（一七一七年）六月三日。乾隆三年（一七三八年），中順天鄉試。七年（一七四二年），授内閣中書。十七年（一七五二年），中一甲第三名進士，授翰林院編修。二十二年（一七五七年），官會試同考官、尚書房行走。二十三年（一七五八年），署日講起居注官，升左春坊左中允、翰林院侍讀。二十九年（一七六四年），升翰林院侍讀學士。三十年（一七六五年），主廣東鄉試。三十一年（一七六六年），爲會試同考官，提督湖南學政。三十三年（一七六八年），以條陳學政事，降調還都。三十四年（一七六九年），因繼母年高，辭官歸養。此後，主講南北各書院，直至乾隆六十年十一月二十八日（一七九六年一月七日）謝世，前後達二十餘年。鍾山札記、龍城札記兩書即都冠以書院之名。

盧氏生平，翁方綱撰皇清誥授朝議大夫前日講起居注官翰林院侍讀學士抱經先生盧公墓誌銘、段玉裁撰翰林院侍讀學士盧公墓誌銘、嘉慶五年（一八〇〇年）臧庸撰翰林院侍讀學士盧先生行狀、嘉慶十七年（一八一二年）吴騫撰抱經堂集序（均載中華書局中國歷史文集叢刊本抱經堂文集）有比較詳細的記録。江藩國朝漢學師承記卷六也有盧文弨的傳，但是十分簡略。關於盧氏先後所主各書院的情況，翁方綱撰墓誌説：「前後掌鍾山、紫陽書院及崇文、龍城、婁東、暨陽、晉陽，疊主講席。」臧庸撰行狀説：「壬辰，兩江總督高公晉奏請主鍾山書院講席，先後八年。」「歷主浙江之紫陽、崇文，山西之晉陽，太倉之婁東，常州之龍城，江陰之暨陽諸講席。」吴騫撰抱經堂集序説：「林居餘二十年，歷主晉陽、鍾山、龍城、婁東、暨陽之講席。」「晚主崇文書院，浙西人士咸樂其化，駸駸有鄒魯之風。會榷使者晉接禮稍弛，先生乃拂衣去，而之鍾山。」所言並不一致。柳詒徵盧抱經先生年譜（中央大學國學圖書館第一年刊，一九二八年十一月）和張波柳詒徵盧抱經先生年譜補遺（中華文史網，http://www.historychina.net/cns/QSYJ/ZTYJ/RWYJ/01/29/2007/19291.html）對此作過考證。

二

盧文弨最主要的著作是羣書拾補三十九卷和抱經堂文集三十四卷。鍾山札記四卷、龍城札記三卷、讀史札記一卷則是他的三部部頭不大的學術筆記。三部筆記的成書、刊印情況各不相同。

鍾山札記刊印於乾隆庚戌，即乾隆五十五年（一七九〇年），有此年盧文弨自序，可知是他生前編定、刊刻而成的，最能反映盧氏的學術水平。盧氏自序云：「余前後忝鍾山講席最久，故以『鍾山札記』標其目。」並非札記都是在鍾山書院任教時所撰，出版時他在龍城書院。龍城札記，刊於丙辰年，即嘉慶元年（一七九六年），此時盧氏剛剛過世。目録後有嘉慶元年錢馥識語曰：「此三卷則曾繕寫成篇，遂取刻之，與鍾山札記並行焉。」嘉慶三年（一七九八年）嚴元照書盧抱經先生札記後（載悔庵學文卷八，湖州叢書本）說：抱經先生喜校書，「窮日力於此，不暇自著書，文集而外，僅此兩札記耳。鍾山四卷，生前自付梓；龍城三卷，則生後所栞也」。嘉慶四年（一七九九年）嚴元照讀史札記序又說：「故所自著書，唯鍾山札記四卷生前所刻。後來又纂龍城札記，未竣而歿，今所刻三卷，非全書也。」從龍城札記並無盧氏自序看，確是未竟之書。關於龍城札記的得名，嚴元照書盧抱經先生札記後云：「書院之在江寧者曰鍾山，在常州者曰龍城。先生歸田後，主講兩書院最久，故以名其書。」龍城札記亦當是盧氏在世時所取書名。龍城札記錢馥識語談到二書之成云：「龍城札記，抱經先生掌教龍城時之所記也。先是，先生掌教鍾山，有鍾山札記四卷，嘗自序而刻之。」此説是不準確的。

鍾山札記卷一「虎賁」條、「糝謂之涔」條末有臧庸識語，當得到盧氏的認可。龍城札記卷一「鞠躬鞠窮匑匔」條、「濂爲溓之重文」條末有錢馥識語，或是錢氏整理時所加。錢馥小學盦遺書（清風室本）卷三有「校盧抱經學士鍾山札記」條、「校龍城札記鞠躬鞠窮匑匔」條。「校盧抱經學士鍾山札記」條校正鍾山札記共五條，不見抱經堂本鍾山札記；「校龍城札記鞠躬鞠窮匑匔」條即抱經堂本龍城札記卷一「鞠躬鞠窮匑匔」條末所注者。錢氏還校正過盧氏所校晏子、經典釋文等，錢泰吉撰錢廣伯小傳（載清風室本小學盦遺書卷首）稱：「盧抱經學士刊叢書，聘主讐校，詳審異同，一無誤。」

鍾山札記、龍城札記二書抱經堂初刊本（又稱抱經堂叢書本），民國十二年（一九二三年）直隸書局曾據之影印，最近則有上海古籍出版社續修四庫全書（第一一四九册）影印本；光緒間式訓堂叢書、校經山房叢書均收録二書，都從抱經堂本而來；一九三五年商務印書館出版的叢書集成初編（第三百五十一册、第三百五十二册）亦收録此二書，均據抱經堂本排印。道光間阮元輯皇清經解收録此二書，均爲一卷節本。

讀史札記則是盧文弨死後他人從其遺稿中録出的，因此並非都是盧氏完全許可的意見。此書向以抄本流傳，直至光緒間才由貴池劉世珩輯入聚學軒叢書第二集刊行。聚學軒叢書本保留了各抄本的序跋文字，並有劉世珩的二跋，由之可知傳抄、刊印過程是：盧文弨歿後不久，孫頤谷從其遺稿中録出其未刊筆記，成讀史札記一書；嘉慶三年（一七九八年），嚴元照屬宋斗爲從孫頤谷處抄出，並校對一過；道光十八年（一八三八年），勞格從毋自欺齋（慈溪馮可鏞齋號）假得嚴元照校本，手録一副；光緒十七年（一八九一年），孫廷翰從吴申甫處假得一抄本，抄録一本，此抄本係傳抄自勞格録本；光緒二十一年（一八九五年），蕭穆倩人從問清太史（孫廷翰，字問清）家抄出一本，次年又照原本校對一過，並寄贈劉世珩，望其刊入所輯聚學軒叢書；光緒二十一年，劉世珩已從蕭穆處知有讀史札記一書，次年方得如願。傳抄二百年後，遂有讀史札記的第一次刊行。性質不同的部分附於書後，乃原抄本所有，而稱論學札説則劉世珩所爲。此書有一九七七年臺北廣文書局國學珍籍彙編影印本、一九八二年江蘇廣陵古籍刻印社影印本、一九八八年臺北新文豐出版公司叢書集成續編（第二百六十五册）影印本、一九九四年上海書店叢書集成續編（第二十七册）影印本、上海古籍出版社續修四庫全書（第四百五十二册）影印本等多種影印本。

三

鍾山札記共一百四十九條，龍城札記共五十四條，二書多是刊正、解釋經史子集四部典籍文字的内容，尤以先秦典籍居多，也多處論及古代文獻的體例，主要集中在鍾山札記卷三和卷四；還有一些條目則是解釋名物制度的。讀史札記共五十七條（不計所附論學札説十則），主要校正漢書、魏書、北史、南史、宋書、新唐書、元史、明史等正史的文字，並指出各書敘述中不當之處。除了循之史實外，普遍地利用文集中的神道碑、墓誌以及實録、筆記等各類文獻來比勘，取得很好的效果，對今天的治史者仍多有啓發。三書多見刊正羣籍文字之處，與羣書拾補頗相仿，有的條目還可以和羣書拾補相對照，足見盧氏作爲一代校勘名家的治學旨趣。盧氏間或有一些議論，往往是他整理古書的心得，也很值得注意。如鍾山札記卷一「蔡中郎集」條云：「凡傳古人書，當一仍其舊，慎勿以私見改作。」又云：「蓋即一篇之中，其當改訂者不少，但究須審慎，疑者寧闕，以俟後之人，或有能通其意者。若遽憑臆改定，而又全没舊文，則似是而非之弊，又有不可勝言者矣。」卷二「大成午」條云：「甚矣！古書之不可輕議更改也。」「王菩」條云：「故古書雖明知其誤，勿寧姑仍之之爲愈。」讀史札記「律曆志」條云：「古書之不可輕易議改。」均是。

盧文弨的筆記中引用了兩漢以來衆多學者的論說，其中清代學者有顧炎武、毛奇齡、姜宸英、李光地、臧琳、馮景、何焯、楊名時、徐文靖、王懋竑、萬承蒼、厲鶚、丁敬、惠棟、吴玉搢、蔣汾功、趙曦明、袁枚、丁傳、梁同進書、戴震、錢大昕、畢沅、吴騫、段玉裁、王念孫、梁玉繩、劉台拱、錢馥、李富孫、阮元、臧庸等多人，尤以引用段玉裁之處最多。另有幾條只是引用他人的説法，並不陳述自己的意見。有的條目中，引用之後還簡略地介紹所引的當代學者，計有鍾山札記卷一「冠義鄉大夫當作卿大夫」條之劉台拱，「繕完葺牆」條之段玉裁，「論語子路子貢疑管仲非仁」條之袁枚，「摶與專同」條之錢大昕，卷三「洗犬棗」條之丁傳，卷四「氏與是同」條之王念孫；龍城札記卷一「王肅解經故與鄭康成異」條之臧庸，「象恭滔天」條之徐文靖，「僞尚書古文不可廢」條之王懋竑，「趙文子論舅犯」條之蔣汾功。清代學術大盛，尤其以乾嘉時期爲高峰。盧文弨生逢其時，與上述諸人中的劉台拱、趙曦明、袁枚、丁傳、戴震、錢大昕、吴騫、段玉裁、梁玉繩、錢馥等都有交往，臧庸則是盧氏的弟子。這種相與論學的風氣，不能不説是時代的特點，也是促成盧氏在學術上獲得成功的時代條件。龍城札記卷二「鞠躬鞠窮穹窮」條末錢馥識語係指正盧文弨的錯誤，拿它和龍城札記卷二「魯公爲字禹人」條引及錢馥的意見又進而反駁之處一併讀，很能讓人感受到學者之問相與論學的純正友誼。

從現有的三種筆記，還可以看到盧文弨針對某一學術問題前後多次思考的情形。如龍城札記卷二「米糵」條，提到在鍾山札記中曾記過此一問題，所記就是鍾山札記卷三「米纜」條。龍城札記卷二「省心雜言」條記下他昔日的意見，並改正了他在羣書拾補中的意見。龍城札記卷二「郝經鴈足繫書」條，稱他曾經懷疑元史中郝經九月一日於真州放繫書之鴈的記録，認爲九月是大鴈南翔之時；現在考得放鴈雖是九月而汴梁得鴈卻是三月，疑惑方才解除。在此條中重點討論的正是大鴈的歸期。讀史札記有二「郝經傳」條，後一條的内容正是盧氏曾經有的疑惑。由此可見，讀史札記因非盧氏親自編定的著作，有一些爲他放棄的意見，卻因舊稿保留而被後人所採納。所以讀史札記「郝經傳」後一條實際上是可以删去的。讀史札記還有與另兩部筆記雷同的地方，如讀史札記「漢書非失於限斷」條與鍾山札記卷四「史漢目録」條主旨相同，「高帝紀」條第一小段的内容與鍾山札記卷二「欲奇此女」條略同，「宋書良吏傳」條最末部分的内容與鍾山札記卷四「田禄」條略同，只是文字有所不同。

讀史札記除了有二「郝經傳」條外，還並有「明史藝文志」條和「藝文志」條。又「梁儲」條名似當作「梁儲傳」、「孫承宗」條名似當作「孫承宗傳」、「徐善述」條名似當作「徐善述傳」，才符合其他條目的體例；而「汪澤民傳」條名似當作「元史汪澤民傳」、「饒娥」條名似當作「新唐書饒娥傳」，方與前面有關宋書諸條區分明確；「吴逵傳」條名前亦當綴以「宋書」二字。

按讀史札記嘉慶四年嚴元照序稱其所抄原書有趙敬夫夾簽，並附簡端。這應當就是今所見讀史札記「饒娥」條、「索虜傳」條、「傅亮傳」條、「檀紹傳」條、「劉定之傳」條的注文的作者。「傅亮傳」條注「『目論』本史記越句踐世家」，補盧氏此條之不足，正非盧氏語。敬夫，江陰趙曦明字，爲盧文弨老友，卒在文弨前。讀史札記夾簽是趙曦明所寫還是盧文弨所記，今不可知，似以後者的可能性爲大。又龍城札記卷三「塑像」條有小字注文，謂趙敬夫曦明所云。

四

鍾山札記、龍城札記，今以續修四庫全書影抱經堂本爲底本。續修四庫全書影印本所據原本間或有缺字的地方，則根據民國十二年直隸書局影印本補上。抱經堂本爲後出各本之祖，且幾無誤字，所以未取其他各本校勘。讀史札記，以續修四庫全書影聚學軒叢書本爲底本，本無他本可校。因爲標點的需要，核對了部分引文，偶爾發現文字歧異處，寫成校勘記，一併置於書末。鍾山札記、龍城札記的標點還偶或參考了叢書集成初編本的斷句。需要説明的是標點中的引號大致用於兩種情況：一是引用典籍的原文，一是重點討論的字詞。盧氏大量引用了各類典籍的文字，凡是直接引用的都儘量加上引號；而討論字詞之處比比皆是，往往容易區分，也便不一定都加上引號。

三書原有引文，有時爲了防止斷句的錯誤，加了「句」字，現在因爲已加標點，便全部删去。避清諱處如改「玄」爲「元」、「𢆯」，改「弘」爲「宏」，「曆」爲「歷」、「厤」，改「寧」爲「甯」，改「淳」爲「湻」，改「丘」爲「邱」之類，現予回改；「玄」、「弘」、「曆」、「寧」等缺筆，也予補全。

鍾山札記、龍城札記二書原來各有目録，龍城札記錢馥識語原附目録後，現在均仍其舊，不予改動。讀史札記原無目録，現將正文中的條目名迻録於前，作爲該書的目録。

點校者讀書不廣，尤其昧於先秦史事，雖然勉力查對，錯漏在所難免，祈請讀者批評指正。

楊曉春　二〇〇八年五月一日於南京大學十三舍四二二室

總目

鍾山札記

鍾山札記自序

吾生無益於人，尚思有所託以見於後世，亦自笑其愚也。雖然，少受父師之訓，朝夕啓牖，得有微明。長而從四方學士大夫游，獲聞其緒論，增長我之智識良不淺。昔人云勝讀十年書，豈虚語哉！古之君子，聞善以相告也，見善以相示也。鹿得美艸，尚呼其羣，而況於人乎？故隨所得輒録之，不暇詮次，分爲四卷。不辭竊取之誚，幸免攘善之失。余前後忝鍾山講席最久，故以「鍾山札記」標其目。噫！余老矣，兒輩皆弱，不忍辛苦纂集之復爲煙飛灰蓋也。飢寒不恤，而剞劂是務。傳聞於未聞之者，當不至視爲無用之言、不急之辯而棄之。刻既成，適卧疾在牀，幸身及見之，漫題數語於首簡。倘耳目尚未即廢壞，或將更有述焉。

乾隆五十五年十月之望，杭東里人盧文弨識。

鍾山札記目録

第一卷

第二卷

第三卷

第四卷

鍾山札記卷一

字義不隨音區別

余向讀周易八論第一篇引易緯乾鑿度云：「易一名而含三義，所謂易也、變易也、不易也。」鄭康成依此義作易贊及易論，謂：「易簡，一也；變易，二也；不易，三也。」竊疑「易簡」之「易」讀以豉切，「變易」、「不易」俱音「亦」，音不同則義亦異，何以合而爲一？繼而知古人之於字訓，竝不因音讀之異而截然區别也。爾雅釋詁：「台、朕、賚、畀、卜、陽，予也。」若以後人所見，如鄭漁仲，便欲以台、朕、陽爲予我之予，羊如切；賚、畀、卜爲賜予之予，羊汝切。而古人則不分也。又讀廣雅釋詁：「遂、畺、畍、畹、畢、猝、㚇，竟也。」若依後來讀法，則遂、畺、畍、畹爲疆竟之竟，居影切；畢、㚇、猝爲終竟之竟，居慶切，亦不當通爲一條矣。未别四聲以前，古人爲詩亦無平側之分，往往互用，義或與音不諧。後人往往疑爲假借，而不知字義之本不隨音而變也，何假借之有？聊書其略，以俟博學者攷焉。

歸妹柔乘剛

歸妹象王弼注：「兑爲少陰，震爲長陽。少陰而承長陽，悦以動，歸妹之象也。」其象傳文云：「无攸利，柔乘剛也。」因有謂王注亦當作「乘」者。永懷堂、汲古閣兩本注皆作「乘」字，此非也。以卦體而論，兑在震之下，自當爲「承」；以爻言，則三五皆陰，乃居二四之陽之上，故謂之「乘」。注與傳文各有所指，此其所以異也。

虎賁

宋書百官志：「虎賁舊作虎奔，言如虎之奔走也。」今案周官：「虎賁氏掌先後王而趨。」「旅賁氏掌執戈盾，夾王車而趨。」「凡祭祀、會同、賓客，則服而趨。」「軍旅，則介而趨。」皆以「趨」爲言者，以「賁」即「奔」也，古字本通用。詩鄘風：「鶉之奔奔。」襄廿七年左氏傳、禮記表記俱作「賁賁」。高誘注吕氏春秋壹行篇云：「賁，色不純也。」亦引此句作「賁賁」。宋志乃以爲「王莽輔政，以古有勇士孟賁，故以奔爲賁」。此説殊不然。鄭康成注禮記樂記「虎賁之士説劒」云：「賁，憤怒也。」書牧誓僞孔傳云：「勇士之稱，若虎賁獸，言其猛也。」竝無取古人名之説。沈約之説殊無典據。或言「奔」字形同「莽」，故避其名。此又不然。「奔」古字作「𢍜」，「莽」字上下皆「艸」，中乃「犬」字，與「莾」字形近，莽又不改，何也？虎之色斑，奔必以怒，義未嘗不相貫也。臧鏞堂案：鄭注樂記「奮末、廣賁之音作」云：「賁讀爲憤。憤，怒氣也。」

氏字古音與民相近

詩小雅：「無將大車，祇自塵兮。無思百憂，祇自疧兮。」宋劉彝以爲「疧」當作「痻」，病也。唐人避太宗諱「民」字，凡字从「民」者，皆省而爲「氏」。張參五經文字「愍」字下云：「緣廟諱偏旁準式，省從氏。凡泜、昏之類，皆从氏。」又「珉」字下云：「莫巾反。禮記作瑉。」是其例也。顧亭林、李安溪皆以其説爲然，謂後人又於「氏」字下添一畫，讀「疧」爲「氐」，誤之甚矣。文弨考説文有「疧」字，云：「病也，从疒，氏聲。」竝無「痻」字。又「昏」字云：「日冥也。从日、氐省聲。氐者，下也。一曰民聲。」二徐本皆同。徐鍇於「昏」字云：「會意。」元黄公紹韻會於「疧」字但云：「一作疷。」竝不言本作「痻」。余以爲「氏」字古亦必與「民」音相近。觀今真、文韻中之字，多有與支、微、齊通讀者，如「寅」亦可讀「移」，「純」亦可讀「緇」；非必由紂字誤。「辰」亦可讀「祁」，詩吉日「其祁孔有」，鄭云「祁當作麎」，史記正義敘謚法「治典不殺曰祁」，獨斷「祁」一作「震」；蘇明允謚法作

「震」，又作「軍」。「賁」亦可讀「祕」；「芹」亦可通「蘄」；「垠」亦可通「沂」。「沂鄂」即「垠鄂」。此類甚多。故知「疧」亦本與「民」聲相近，非本作「痻」而避諱改「疧」也。至「昏」字，漢以來往往作「昬」，凡偏旁之从「昬」者，即説文中亦尚多有。元戴侗云：「唐本説文昏从民省。」此語殊誤。「昏」省去「氏」下一筆耳。凡字兩合者可省，「民」止一字，何由省之？但舊唐書高宗紀顯慶二年十二月改「昬」、「葉」字，則「昬」字之改，似有明文。然六朝至唐書法不從正體者多，今金石所遺，譌謬不一而足，故「昏」字人閒多有從「民」者。今从「氏」，正是復説文之舊，而在唐人，則以爲改，亦不足異。詩大雅桑柔「多我覯痻」，音「民」，此「疧」字亦當讀爲「民」，亦可云從「痻」省。自後人音爲其支，或音巨禮，乃後人失其讀之誤。遂至今疑其與「塵」不協，欲改「氏」爲「民」而始得聲，殊不知不改未嘗不得聲也。

韓詩磬天之妹

詩大明「俔天之妹」，韓詩「俔」作「磬」，釋文云「譬也」，毛傳即以「磬」釋「俔」，則「俔」、「磬」義同。説文：「俔，譬喻也，一曰聞見也。」竊謂「俔」從人從見，則見字義長，猶所謂見若神人也。譬喻之意，亦在其中，未必即以「磬」爲「譬」。韓非子外儲説上云：

「犬馬人所知也，旦暮罄於前；鬼神無形者，不罄於前。」古「罄」、「磬」同一字，以韓非之說證之，則「俔」可訓爲見，「磬」未嘗不訓見。在毛公當日，「磬」之義人所共曉，故即以「磬」解「俔」耳。

天子賜必待君命

玉藻：「君賜車馬，乘以拜；賜衣服，服以拜。賜，君未有命，弗敢即乘服也。」鄭注下二句云：「君未有命，謂卿大夫受賜於天子者，歸必致於其君，君有命乃服之。」至應氏鏞之説，則通上文爲一條解之，謂：「車馬衣服，皆視爵命之等以爲賜，雖所當得，然亦必致辭，待君再命之而後乘服以拜。」此說於正文殊爲不順。經所云車馬衣服，未必定是命車命服；即云命車命服，當進爵之時，可以辭讓，既受爵矣，則車服之來，正與仕者之禄無異；既乘服以拜矣，又云君未有命，弗敢乘服，待君再命，然後乘服以拜，此於經文甚爲愼錯矣。王氏圻則又顯駁康成之注，謂：「必待君命，自是人臣敬愼之禮。若依注作諸侯之卿大夫爲使臣說，則其方受天子賜時，已乘服拜賜而歸，又獻於其君，待君命之而後乘服，是二天子矣。此說難通。」蓋王氏以後世所見妄疑古禮之未必然，不知當封建時，天子雖爲天下共主，而諸侯之在其國，亦得獨伸其尊。況受賜於天子，歸而致於其君，本自有確證乎！左傳昭四年，杜洩以路葬叔孫穆子，其言曰：「夫子受命於朝而聘于王，王思舊勳而賜之路，復命而致之君。君不敢逆王命而復賜之，使三官書之。」鄭氏之注明有左證如此，柰何不考而妄譏之？且叔孫雖得君命，生前固未乘路也，此尤謙慎之至，不但如應氏所云。蓋君之尊得伸於國，即父之尊亦得伸於家。如叔孫穆子之子仲與公御萊書觀於公，公與之環，使豎牛入示叔孫。入，不示；出，命佩之。叔孫不察，而遂逐之，亦怒其不由父命也。君賜必請之於父，王賜可不請之於君乎？又案尚書大傳：「古者必有命民，民能敬長憐孤，取舍好讓，舉事力者。命于其君，然後得乘飾車，衣文錦。未有命者，不得衣，不得乘。」如大傳所言，但命之即得自爲，不必賜也。然則卿大夫之命車命服，亦豈必盡出君賜乎？故知此所云車馬衣服，不指命車命服而言。孔子將適周，南宮敬叔言於魯君，魯君賜以車一乘、馬二匹，事見家語。此豈可謂之命車乎？

射義卿大夫士之射卿當作鄉

射義：「卿大夫、士之射也，必先行鄉飲酒之禮。」案凡賓賢能，詢衆庶，皆鄉大夫、州長、黨正之事，鄉中之卿大夫、士亦與焉，非卿大夫自爲射而行鄉飲酒之禮也。孔子射於矍相之圃，必在爲中都宰時，故有選賢誓衆之禮。鄭注周禮鄉大夫職「以鄉射之禮五物詢衆庶」，即引此矍相之事爲説。鄉飲酒之義云：「鄉人、士、君子尊於房户之閒，賓主共之也。」鄭注：「鄉人，鄉大夫也。士，州長、黨正也。君子，謂卿大夫、士也。」今此説射禮，豈有反置鄉大夫而但説卿大夫之禮？但各本俱作「卿大夫」，究疑是傳寫之譌。射義正義中引此正作「鄉」，可以取正。若是卿大夫，燕射何必先行鄉飲酒之禮？

冠義鄉大夫當作卿大夫

冠義：「奠摯於君，遂以摯見於鄉大夫、鄉先生。」釋文：「鄉大夫、鄉先生竝音香。」石經儀禮冠禮亦皆作「鄉」。敖氏云：「鄉大夫，鄉之異爵者，或曰主治一鄉者。」歷觀前人之説，未有疑鄉大夫之「鄉」爲誤者。高郵劉端臨謂：「冠禮、冠義皆當作卿大夫，此謂見爲卿大夫者；鄉先生謂已爲卿大夫而致仕者。見君之次，徧見卿大夫。如晉語趙文子冠徧見六卿是也。鄭解鄉先生爲卿大夫致仕者，葢蒙上爲釋。賈疏云：『先生亦有士，鄭不言者，經云卿大夫不言士，故先生亦略不言。』據此，知賈所見儀禮本作卿大夫也。孔疏云：『見於卿大夫，謂在朝之卿大夫也。』是孔所見禮記本亦作卿大夫。孔以在朝對致仕者，文義甚明。而今本正義亦竝改作鄉，并不誤者亦誤矣。」劉名台拱，今爲丹徒校官，攷訂禮經致爲精細，余常就以取正焉。

脾析即膍胵

周禮醢人：饋食之豆，其實有脾析。鄭司農云：「脾析，牛百葉也。」疏云：「此無正文可破，故後鄭從之。」此言非也。廣雅：「百葉謂之膍胵。」説文：「膍，牛百葉也。」蓋「脾」之與「膍」，音義皆同。析者解析，正合百葉之義。「析」與「斯」、「賜」音皆通轉，故脾析即膍胵，此謂牛之脾胃耳。廣雅又云：「胃，謂之胘。」説文亦以爲牛百葉。徐鍇繫傳云：「牛肚也。其鳥之胃亦得謂之胵。」然則司農所詁，正自不當破也。廣雅二語亦互文。

卒觶致實

禮記鄉飲酒義云：「卒觶，致實於西階上。」案致實即是卒觶，其所以别異之故，正義明言之云：「既云卒觶，論其將欲卒觶之時」；「致實，論其盡酒之體」。此二言極分明，乃上釋卒觶處，各本皆有誤字。本當云：「卒觶，主人酬賓，賓立以卒觶也。」宋本作「賓卒立以立觶也」，汲古閣本作「賓卒立以據觶也」，皆譌。今本於「主人酬賓」下改爲「主人先飲卒觶也」，更大誤矣。此一節自祭薦、祭酒、嚌肺、啐酒并此卒觶、致實，皆指賓言，未嘗及主人。主人酬賓之觶，奠而不飲。此西階上卒觶，是主人獻賓之時，賓飲卒爵也。又注中「酒爲觴實」，足利古本「觴」作「觶」，今當依以改正。正義中「觴」字亦當并改。

大司馬固

顧氏炎武以大司馬即司馬子魚，固爲堅辭以諫。今觀其諫辭，亦甚寬緩不迫，何堅辭之有？惠氏棟案：「晉語云：『晉公子重耳過宋，與司馬公孫固相善。』韋昭曰：『固，宋莊公之孫大司馬固也。』公子過宋，適當襄公之時。杜預注左傳亦同韋説，皆據世本而言。稱大司馬，所以别下司馬也。」文弨案，左傳大司馬之官，在宋亦不多見，惠氏謂固即公孫固，是也；謂下司馬乃子魚，非也。司馬即大司馬固，文承上省一大字耳。考韓非外儲説左上説此事云：「右司馬購强趨而諫。」購强似即固之字，其義正相合。云右司馬，似當行師之際所别置者耳，其非子魚更明甚。子魚乃公子目夷，未嘗名固。史記宋世家以前後皆子魚之言。史公紀事多疎略，未足取以爲左證也。

繕完葺牆

左傳襄卅一年傳，子産相鄭伯如晉，晉侯未之見，子産盡壞其館之垣而納車馬焉。士文伯讓之，有「敝邑爲盟主，繕完葺牆，以待賓客」語。李涪刊誤謂繕完葺三字於文爲繁，當是「繕宇葺牆」，以書之「峻宇雕牆」爲比。近金壇段若膺謂：「古文無閒字，不應忽及於宇，完當本是院字。院，周垣也；牆，垣蔽也。因其所壞者垣，故文伯之語亦不旁及。說文院爲寏之重文，左氏古文本作院字，或因轉寫遺脫自旁，或字從省，即以完爲院，刊誤之說非是。」段名玉裁，曾任貴州玉屏、四川巫山兩縣知縣，精小學，著有說文解字讀。

摶與專同

昭廿年左氏傳：「若琴瑟之專一。」釋文云：「董遇本作摶，音同。」案史記秦始皇本紀「摶心揖志」，索隱云「摶，古專字」，引左傳「如琴瑟之摶一」以證之，正用董遇本也。易繫辭上傳「其靜也專」，釋文云：「陸作摶。」史記田完世家「韓馮因摶三國之兵」，徐廣：「音專。專猶并合制領之謂也。」山陽吳氏玉搢云：「管子內業篇『一意摶心』，亦『專心』也。又漢書蕭何傳『上以此剸屬任何關中事』，師古曰：『剸讀與專同。』荀子榮辱篇『信而不見敬者，好剸行也』，『剸』亦同『專』。又樊噲傳『高后時用事顓權』，師古曰：『顓與專同』。是『專』又可作『剸』、『顓』。」嘉定錢詹事曉徵以說文「嫥，壹也」作「嫥」爲正。然「摶」字从「專」，古人通用亦多矣。錢名大昕，其學識近今罕有及者。

官學在四夷

左氏昭十七年傳：「天子失官學在四夷。」石經作「天子失官，官學在四夷」。案家語王肅注亦云：「夫子稱官學在四夷。」蓋天子失官，則官多廢，故無有能舉先代之典者。所謂官學，猶今言通經者爲經學，通史者爲史學，指專門而言。若鄭公孫揮之能辯族姓、班位，晉蔡墨之能言五官，其斯謂之官學與？

繞朝贈策

贈行以策，其爲鞭策無疑。其言曰：「子無謂秦無人，吾謀適不用也。」示以知其情。傅氏謂「蓋朝曾言於秦伯，請留之」，亦未見其必然。要之，朝固未嘗與晉合謀明甚。乃韓非説難云：「繞朝之言當矣。其爲聖人於晉，而爲戮於秦也。」元何犿作注，遂實之云：「後秦竟以言戮之。」此事未見出何書，豈非憑空傅會乎？士會使魏，秦伯實遣之。朝縱不請留，亦斷不爲之畫去計，秦伯胡爲而戮之？失一賢臣，又戮一智士，有以知秦之必不爲也。

提月

公羊經僖十有六年：「春王正月戊申朔，霣石于宋五。提月，六鷁退飛，過宋都。」傳云：「提月者何？僅逮是月也。」何休注：「提，月邊也。魯人語也。在正月之幾盡，故曰劣及是月也。」在陸德明時所見本固有以「提月」改作「是月」，故釋文先云：「是月，如字。或一音徒兮反。」陸氏不詳審傳文及邵公之注，明是爲「提」字，作詁訓若作「是月」，何勞如此費辭乎！初學記「晦日」條引此正作「提月」。陸佃注鶡冠子王鈇篇「家里用提」云「提，零日也」，亦引公羊爲證。

長言短言

公羊莊二十八年傳：「春秋伐者爲客。」何休曰：「伐人者爲客，讀伐，長言之，齊人語也。」「伐者爲主。」何休曰：「見伐者爲主，讀伐，短言之，齊人語也。」蓋同一字而讀法有異。高誘注戰國策、吕氏春秋、淮南子諸書，亦有所謂急氣、緩氣、閉口、籠口之異讀。劉熙釋名於「天」有以舌腹言者，有以舌頭言者；於「風」有以横口合脣言者，有以踧口開脣推氣言之者，各方不同。漢書王子侯表「襄嚵侯建」，晉灼曰：「音内言嚵説。」又「猇節侯起」，灼亦云：「内言鶡。」「内言」亦是讀法。明人刻監本疑「内言」是詩巧言，遂改「說」字爲「莵」，以附會之。毛本尚作「嚵說」，蓋即虞書之「讒說」，毛本是也。古人謂一卷之書，必立之師。童子入小學，師爲之辨聲音，審文字，離句讀，皆必以口相傳授，而後終身不至於譌謬。今世亦無此師，閒有偶及此者，反笑以爲迂矣。

糝謂之涔

爾雅釋器「糝謂之涔」，郭璞本「糝」作「槮」。釋文云：「爾雅舊文并詩傳竝米旁作，小爾雅木旁作，其文云：『魚之所息謂之橬。橬，槮也，積柴水中而魚舍焉。』郭因改米從木。」文弨案，太平御覽八百三十四引爾雅尚從「米」旁作，并引犍爲舍人曰：「以米投水中養魚爲涔也。」則「糝」之義益明。今毛詩正義、爾雅釋文及疏皆不載犍爲舍人語。臧鏞堂案：周頌潛正義引李巡曰：「今以木投水中養魚曰涔。」據釋文所云，則郭氏前注爾雅者俱作木旁。李亦與舍人義同，「以木」乃「以米」之誤耳。

論語子路子貢疑管仲非仁

明顧端文憲成劄記有云：「予頃讀孔子與子路、子貢評管仲二條，殊可疑，因語予弟季時。名允成。季時曰：『此恐是齊人張大之辭，而託於孔子耳。或齊論語竄入魯論語中，未可知也。謂出自孔子，似乎不然。』予曰：『弟此意見得極直截。』」近袁子才亦同此見，謂：「齊人最尊管仲，此必齊之弟子記之。其上章云『齊桓公正而不譎』，下章云『陳成子弒簡公』，非齊論而何？」文弨案，孔子之門，五尺童子羞稱五伯。齊人在聖門者，若子羔、季次諸人，見地特高，亦不應有此。班固謂：「仲尼没而微言絶，七十子喪而大義乖。」論語蓋門人所記，乃弟子之弟子也，故往往附載其師之説。荀卿、吴起之儔，亦出其中。流愈遠而失真，故有此雜而不純之論。即有以自經溝瀆爲不指召忽言者，亦曲爲之解耳。就使不指召忽，語氣亦覺抑揚太過，與聖人平日辭氣迥然不同。孟子學孔子者也，而曰「仲尼之徒無道桓、文之事者」，「管仲，曾西之所不爲」。豈有聖人許之而孟子顧貶之若是甚哉！有以知孔子之必無是語矣。袁名枚，錢塘人，由庶吉士改知縣，三十二而致仕。今居江寧，即舊治所云。

毛叔鄭

逸周書克殷解：「毛叔鄭奉明水。」今俗本作「毛伯」，譌。宋、元本皆作「毛叔」，與史記同。有謂毛叔名聃，見左傳定四年杜注，此毛伯鄭當别一人。余案漢書古今人表「毛叔鄭」下本注云「文王子」，又大紀云「武王封庶弟鄭於毛」。若以爵稱伯，則衛叔何以不稱衛侯？杜殆以左傳「毛聃」連文而致誤也。陸氏左傳附注云：「聃季是毛叔弟，何緣取兄名爲封國之號？斯必不然。」又陶淵明四八目作「毛叔圉」，不見於他書，亦未足爲據。書顧命有毛公，以諸侯入爲三公者，未知即毛叔鄭否？

别風淮雨

尚書大傳越裳以三象重九譯而獻白雉，其使請曰：「吾受命吾國之黄耇曰：『久矣，天之無别風淮雨，意者中國有聖人乎？』」鄭康成注：「淮，暴雨之名也。」自後諸書所引皆作「烈風淫雨」，若説苑辯物篇、書舜典正義、詩蓼蕭、臣工及周頌譜正義所引皆無有作「别風淮雨」者。劉彦和雕龍練字篇有云：「尚書大傳有『别風淮雨』，帝王世紀云『列風淫雨』。『别』『列』、『淮』『淫』，字似潛移。『淫』『列』義當而不奇，『淮』『别』理乖而新異。傅毅制誄，已用『淮雨』；元長作序，亦用『别風』。」今本脱此二句，宋本有之。案古文苑載傅毅作北海靖王興誄云：「白日幽光，淮雨杳冥。」但其文不全，今雕龍誄碑篇所載爲後人易以「氛霧杳冥」矣。蔡中郎集中有太尉楊賜碑，云：「烈風淮雨，不易其趣。」今俗閒本「淮雨」改作「雖變」，余所見者宋本也。安知「烈風」不亦出後人所改乎？元長序無攷，唯陸士龍九愍有「思振袂於別風」之語。於彥和所舉之外，又得此二證。

鮮有解義

列子湯問篇：「越之東有輒沐之國，其長子生則鮮而食之。」殷敬順釋文引杜預注左傳：「不以壽死曰鮮。」案此説非是。不以壽死謂夭死或他故死耳，列子之所云「鮮」，則當以解剥爲義。墨子魯問篇作「鮮而食之」，與列子同；其節葬篇作「解而食之」，明「鮮」、「解」一也。禮記月令「季夏行春令，則穀實鮮落」，吕氏春秋作「解落」，亦其證。

椎政

韓非八説篇云：「古者寡事而備簡，樸陋而不盡，故有珧銚而椎今本譌「推」。車者。」注以珧爲蜃。銚，摩田器也。上古摩蜃而耨。椎車即椎輪也。下云：「然則行揖讓、高慈惠而道仁厚，皆椎政也。」「故智者不乘椎車，聖人不行椎政。」蓋「椎政」即因椎輪爲説，用相比況。今本皆譌爲「推政」，「推政」當作何解乎？

史記韓非傳拂悟本連文

韓非説難云：「大忠無所拂悟。」今本史記乃以下句「辭言無所擊排」之「辭」字與「悟」互易。案非。本書作「大意無所拂忤，辭言無所擊摩」。「悟」古與「忤」通用。吕氏春秋蕩兵篇「百姓之以悟相侵也立見」，亦是以「悟」爲「忤」。索隱、正義所見本尚是「拂悟」，索隱解云「不拂牾於君」，正義云「拂悟當爲咈忤，古字假借耳」。不知後何以互譌。

篇卷

篇即卷也。漢藝文志：「太史公百三十篇。」有謂其無卷數，裴駰爲集解，則分八十卷，隋志始以一篇爲一卷。此語殊不然。漢志易皆言篇，詩皆言卷，其餘一類之中或篇或卷不一，後每種各結之云凡若干家、若干篇，至末總結其數云：「大凡書六略三十八種，五百九十六家，萬三千二百六十九卷。」此非篇即爲卷乎！其數閒有不合者，此則傳寫之譌，而大致亦不甚相遠。若集解一書，本來亦如今所傳索隱單行，本必不全載史公之文，此自易之十翼、春秋三傳皆不連經，唐人五經正義所以標起訖者，以本不連經注故耳，不可以集解之卷數爲即裴氏之史記本也。

藉神

戰國秦策：「應侯謂昭王曰：『亦聞恆思有神叢與？恆思有悍少年，請與叢博，曰：吾勝叢，叢藉我神三日。乃左手爲叢投，右手自爲投，勝叢，叢藉其神三日。』」今吴越之俗有所謂起傷者，亦類此。嘗見宋趙復齋名彦肅行狀云：「調秀州推官，犴多重囚。廉其故，蓋俗多淫祀，兇人欲甘心於仇怨，則挾酒食祭拜乞助，謂之起傷。」今此風不知尚有否？而其名猶傳於人間，每見强梁肆暴者，輒目之曰起傷。又優人演目連變，必先攜雞酒至叢冢閒，殺雞瀝血而飲之，借鬼神附其身以爲助，亦名曰起傷。演畢，仍向元來處解之。案禮記郊特牲「鄉人禓」，鄭注：「禓，强鬼。」又周禮春官司巫「凡喪事，掌巫降之禮」，注：「巫，下神之禮。今世或死既斂，就巫下禓。」「禓」與「禓」，釋文皆音「傷」，則「起傷」當從「示」爲正。「禓」本亦作「禓」，見司巫疏。古冢鬼、强鬼皆名禓，今則專指强鬼耳。

厥機

吕氏春秋本生篇：「出則以車，入則以輦，務以自佚，命之曰招蹷之機。」高誘注：

「招，至也。蹷機，門内之位也。乘輦於宫中，遊翔至於蹷機，故曰務以自佚也。詩云『不遠伊爾，薄送我畿』，此不過蹷之謂。」案此段文有譌誤，黄氏日抄遂以高注爲謬。攷李善注文選七發引「招」字作「佁」，高誘曰「佁，至也」，「佁」字是。餘亦同今本。段若膺謂：「注首『蹷機』當爲『機橜』，葢以『橜』訓『機』也；至於『蹷機』，謂『至機而蹷也』；下『不過蹷』，亦當爲『橜』字。説文：『橜，門梱也』，『梱，門橜也』。荀子大略篇『和之璧，井里之厥也』，晏子春秋雜上第五作『井里之困也』。『厥』即『橜』字之省，『困』即『梱』字之省。葢門梱有以石爲之者，故晏、荀皆云然。而『機』與『畿』音義竝同，詩毛傳云：『畿，門内也。』説苑政理篇：『修近理内，政橛機之禮，壹妃匹之際。』蔡邕集有司徒袁公夫人馬氏靈表，云：『不出其機，化導宣暢。』則『厥』、『機』皆爲梱閾之内明矣。『橛』亦有可通『蹷』者，如説苑建本篇：『樹本淺，根垓不深，未必橛也。飄風起，暴雨至，拔必先矣。』又如莊、達生篇。列黄帝篇。之所言『橜株枸』列作「駒」。者，殆亦同『蹷』，故二字易譌也。」

葩屨

吕氏春秋尊師篇：「織葩屨，結罝網，捆蒲葦。」案「葩」是華蘤之名，不可爲屨，此必「葩」字之譌。説文：「葩，枲實也，或作黂。」蓋麻枲可以爲屨，後人所謂麻鞵是也。又案晏子問下篇有「治唐園」，考菲履」之語，此上文亦云「治唐圃」，文正相類。「葩」與「菲」音亦相近，故疑當爲「葩」字無疑。

曾子二子華元

漢書王吉傳：子駿「妻死，因不復娶。或問之，駿曰：『德非曾參，子非華、元，亦何敢娶？』」師古注引如淳曰：「華與元，曾參之二子也。韓詩外傳曰：『曾參喪妻不更娶，人問其故，曾子曰：以華、元善人也。』今韓詩外傳闕此文。一曰曾參之子字華元。」師古以二子爲是。案大戴禮曾子疾病篇云「曾元抑首，曾華抱足」，盧辯注「元、華，二子」，說苑敬慎篇亦同，「抑首」作「抱首」。顔從如淳前一説是也。禮記檀弓則稱：「曾子寢疾病，曾元、曾申坐於足。」申與華殆即一人。

鈌馬飾

宋史儀衛志「誕馬」下云「金爲鈌」，又「甲騎具裝」下云「金銅鈌，長短至膝」，是「鈌」爲馬飾明矣，然未詳其形制。此字見蔡中郎集故太尉橋公廟碑後黄鉞銘，云「馬不帶鈌，弓不受彄」，則其來遠矣。説文「鈌」但訓刺也，餘字書亦未有及馬飾者，當補之。

蔡中郎集

凡傳古人書，當一仍其舊，慎勿以私見改作。如蔡中郎集有宋天聖元年歐靜所輯本，雖未必盡合於隋唐之舊，然在今日，已爲最古，後日重刻，便可悉依舊式。或有當補者，可別附於後；當刊者，可著其説於篇下，斯得之矣。今乃移易其篇第，并於一篇之中，顛倒其次序，致有大失其意者。如歐本第一卷首篇乃故太尉橋公廟碑，以頌居首，云：「光光列考，伊漢元公。」此爲其孤作也，故稱「列考」，即「烈考」也。頌後「公諱某，字公祖」云云，至「文德銘於三鼎，武功勒於征鉞。官簿次第，事之實，書於碑陰，以昭光懿」，此四字依水經注。各本俱作「俾爾昆裔，永有仰於碑陰云」，不成文句，出自後人妄竄無疑，故易之。此是第二段。下云「橋氏之先，出自黄帝」云云，至「巍巍乎若德，允世之表儀也已」爲第三段。終焉即所謂碑陰也，其四銘即附此篇之後。自明張天如刻百三名家集，於蔡集以賦爲首，次以疏、表、書、論議、對問、設論、連珠、頌、贊、箴、銘，而後及於碑。此碑則以「橋氏之先」云云、「公諱某」云云連爲一段，於末妄增「銘曰」二字，然後以「光光烈考」提行，至「作憲萬邦」終焉，四銘則別入銘類，不繫此碑之後，則全與篇中所云不相應。篇中所云「書於碑陰」者，即「橋氏之先」一段文也。若倒在末，則所云「碑陰」又何所指乎？本朝康熙年間，又有莘野劉嗣奇弟兄重刻蔡集，分爲六卷，碑在第五。此文全與張本同，但不加「銘曰」二字耳。中郎又有太尉橋公碑一篇，乃爲故吏司徒崔烈、廷尉吴整作者，劉本則移之於四銘之前，不知「文德銘於三鼎，武功勒於征鉞」之語自在前篇，今乃繫於後篇，不亦謬乎甚矣！人之好妄作也如此，爲能傳古書，則古人之面目反隱矣。

古書流傳，譌謬自所不免，果有據依，自當改正。蔡集余有校本，今姑以橋公二碑略言之。第二段云：「三孤故臣，門人相與，述公言行，咨度禮制。」考水經注「言行」作「之行」爲是，此碑但記行事耳。「禮制」作「禮則」，又下「鉦鉞」作「征鉞」，亦當從水經注改正。末云「俾爾昆裔，永有仰於碑陰云」，語意全不似漢人，且此是三孤與其故臣門人所述，安得有「俾爾昆裔」之語？故吾以爲當從水經注作「以昭光懿」爲得也。「時有椒房桂戚之託」，「桂」乃「貴」字之誤。「特進潁王梁不疑爲河南尹」，案不疑未封王，乃潁陽侯之譌。「當事以對」，當作「當以事對」。「貞以文章得用。鬼薪公，離司寇」，「文章」舊本作「文筆」。又「西府」俱「四府」之譌，「四府」乃太傅、太尉、司徒、司空也。「民有父子俱行，凶人本又有二「人」字，衍。惡言當道，曉之不止，其子殺之而作「人公」者譌。捕得。公以其三字有本缺。見下有「其」字，衍。侮辨直，本無「直」字，乃文脱。不舉文書。」此段皆以舊本考正。又云「凡所獲禄，皆公府所特表選」，舊本作「表送」，蓋仕而不受禄，故公府爲特表送也。又云「自九列之後，乃以丕貤」，言其位至九卿，禄皆散之親舊，故云「丕貤」。有本作「自九列之後，咸以明公」連下句者，非是。又「析見是非下疑脱二字。明作速於發機」，本或無「析見」二字，下句作「達於事機」，又張本作「察機」，皆譌。黄鉞銘「是用鏤石」下水經注有「假象」二字，當補入。蓋即一篇之中，其當改訂者不少，但究須審慎，疑者寧闕，以俟後之人，或有能通其意者。若遽憑臆改定，而又全没舊文，則似是而非之弊，又有不可勝言者矣。

婦人繫姓

婦人繫母家姓，生則以伯仲，如孟子、仲子、伯姬、叔姬之類；亦以其國，如齊姜、宋子、秦嬴、陳嬀之類；死加以謚，或從夫之謚，俱兼姓而稱之。漢晉之世，婦人有字者，姓亦繫字下。後漢書載曹世叔妻班昭字惠班，陰瑜妻荀采字女荀，華陽國志所載敬司乃司馬氏女也，又如助陳、元常、靡常、貢羅、玹何、敬楊諸人，亦皆姓繫字下。晉李矩妻衛鑠字茂漪，其自稱則云李衛，兼兩姓而稱之。

慶曆聖德頌

石守道作慶曆聖德頌，直指大臣，分别邪正，孫明復謂之曰：「子禍始於此矣。」今讀其詩，於姦邪曾未指斥一人，不知當日何即以此召怒。及讀其序，而後知今日之所傳非全詩也。序云「頌一首，四言，凡九百六十字」，今止於七百六十八字，共少一百九十二字，則其爲不全可知。其序列諸賢，自得象與殊、昌朝、仲淹、弼、衍、琦、脩、靖、素、襄而下即承云：「皇帝明聖，忠邪辨別，舉擢俊良，掃除妖魃。衆賢之進，如茅斯拔；大姦之去，如距斯脱。」是其所云姦邪者，亦必實指其爲某某，而今皆闕之。吾意當時不獨小人之黨惡其指斥而滅去之，即正人君子之爲守道計者，亦必共相與去之矣，故其全者遂不傳。

薄耆

枚乘七發：「薄耆之炙，鮮鯉之膾。」李善注：「薄耆，未詳。一曰：薄，切獸耆之肉而以爲炙也；耆，今人謂之耆頭。」案「耆頭」之義亦難曉，余疑「耆」即「鰭」之省文。公食大夫禮有牛鮨，鄭注云：「内則謂鮨爲膾，然則膾用鮨。今文鮨作鰭。」案此則「耆」當亦謂牛鰭，但云獸耆，不知是何等獸。其所云「薄」，切義則是也。

鈎藤

本草：「鈎藤有刺若釣鉤，亦名弔藤。」陸魯望藥名離合夏日即事詩有云：「歸來又好乘涼鈞，藤蔓陰陰著雨香。」今醫家通呼爲「鉤藤」，無有知爲「鈞藤」者矣。

鴟鵂撮蚤

鴟鵂撮蚤有兩説：莊子秋水篇：「鴟鵂撮蚤，察毫末，晝出瞋目而不見丘山，言殊性也。」釋文引淮南子：見主術訓。「鴟夜聚今本亦作「撮」。蚤，察分毫末。」許慎云：「鴟夜聚食蚤蝨不失也。」案今高誘注云：「鴟鵂謂之老菟，夜則目明，合聚人爪以著其巢中。」二説不同，似蚤蝨之説近是。舉蚤蝨則蚊蝱之類可知，正不必鑿定一物。然今人翦小兒指甲，率置隱處，不欲棄擲庭院閒，則亦因高説以爲戒耳。

鍾山札記卷二

詩攷引韓詩誤

王伯厚詩攷於韓詩引「速速方轂，夭夭是椓」云：「出後漢蔡邕傳。」且引章懷注云：「韓詩亦同作轂，謂小人乘寵，方轂而行也。」今案邕傳作「速速方轂，夭夭是加」。注先引毛詩之文，并引傳及箋，然後云韓詩亦同，謂韓詩與毛、鄭之説同也。下云「此作轂者，蓋謂小人乘寵，方轂而行。方猶竝也」，乃章懷釋邕之文，故用「此」字。今王氏乃誤以爲韓詩亦同作轂，并删去「蓋」字，而以章懷之説爲韓詩之説，不審甚矣。

橃船

元微之詩：「便邀連榻坐，兼共橃船行。」橃船，蓋撥船使進之意。案易林履之坤云「循河橃舟，旁淮東遊」，元語本此。今本易林皆誤作「榜舟」，惟陸敕先以宋本校者不誤。字从木，或从扌者，非。

惓

疲券之「券」，今人但作「倦」字，亦可作「惓」。列子湯問篇：「饑惓則飲神瀵。」皇侃論語義疏「五十以學易」云：「欲令學者專精於此書，雖老不可廢惓也。」又易震象傳王弼注古本作「惰惓者懼於近矣」，見日本國考文。今監本皆脱「惓」字。

八字

吴融送策上人詩：「八字如相許，終辭尺組尋。」又寄貫休上人詩：「八字微言不復聞。」案韓鄂歲華紀麗云「八字之佛爰來」，注：「荆楚人相承四月八日迎八字之佛於金城，設榻幢歌鼓，以爲法華會。」

孫叔敖實蔿氏

毛檢討大可作經問及四書索解，力辨叔敖非楚公族，竝非蔿氏，乃蓼國期思之處士，歷引荀子、吕覽、史記、説苑、新序、列女傳爲據。余案左氏宣十一年「楚令尹蔿艾獵城沂」，杜注云：「孫叔敖也。」十二年邲之戰，隨武子云「蔿敖爲宰，擇楚國之令典，軍行右轅」云云，又云「令尹孫叔敖弗欲戰，南轅反旆」，又云「王告令尹，改乘轅而北之」。軍事以車爲重，而令尹實主之，則士會所稱蔿敖非即叔敖乎？比年之閒，楚不聞有兩令尹；且在軍而更易執政之臣，此事理之必無者；況敖之名又相同，則其爲一人，爲蔿氏，實無可置疑者。高誘注呂氏春秋情欲篇、知分篇皆云「叔敖，薳賈之子」，「薳」即「蔿」也。服虔注左傳云「艾獵，蔿賈之子孫叔敖也」，杜氏從之。總之，左氏蔿敖一言可爲蔿氏之確證，與其信諸子也，不如信傳。

勤望

詩摽有梅「迨其謂之」，箋云：「謂，勤也。本爾雅釋詁文。女年二十而無嫁端，則有勤望之憂。」周易歸妹象傳正義用其語云：「妹既係姊爲媵，不得別適。若其不以備數，則有勤望之憂。」今本皆譌作「動望」，攷宋本尚不誤。

易序卦正文誤入注

序卦傳「物畜然後有禮，故受之以履」，下本有「履者禮也」一句，今本皆誤入韓康伯注中，唯唐李鼎祚集解作正文。案王輔嗣周易略例引雜卦曰「履不處也」，又曰「履者禮也」，若是韓注，輔嗣無緣引之。以此爲證，則集解本爲不謬矣。但輔嗣引雜卦而於此句不別言之者，省文耳。且韓注中竝無可與爲比例者，而獨於此具釋，不然明矣。

黨訓所

淮南子道應訓：「西窮窅冥之黨。」「黨」當訓「所」。案釋名：「上黨，黨，所也，在山上，其所最高，故曰上黨。」又公羊文十三年傳云：「往黨，衛侯會公于沓，至得與晉侯盟。反黨，鄭伯會公于斐。」何休注：「黨，所也。所猶時齊人語。」史記齊世家萊人歌曰：「師乎師乎，何黨之乎？」集解服虔曰：「黨，所也。言公子徒衆何所適也。」案此亦齊人語。然上黨在晉，而亦以所爲黨，則不獨齊人爲然矣。

肆

淮南齊俗訓云：「譬若舟車，楯肆窮廬，故有所宜也。」高誘注：「水宜舟，陸宜車，沙地宜肆，泥地宜楯，草地宜穹廬。」今本淮南「肆」譌作「肆」，唯葉林宗本作「肆」，从長从尗。案文子自然篇：「水用舟，沙用肆，泥用楯，山用樏。」釋音云：「肆，乃鳥切，推版具。」今檢玉篇無「肆」字，有「肆」字，从長从土从小，音正同，云：「镺肆，長不勁。」蓋與婹嫋同義。廣韻則从髟从赤。三字不同。案尗字亦有茉音，當从尗爲正。又淮南脩務訓「沙之用𨽻」，葉本亦譌作「肆」，而別本有作「鳩」者。案呂氏春秋愼勢篇作「沙用鳩」。字書「九」與「糾」通，則音亦可通轉，即以「鳩」從文子、淮南讀，其亦可也。

炮格

史記殷本紀：紂「有炮烙之法」。江鄰幾雜志引陳和叔云：「漢書作炮格。」今案史記索隱引鄒誕生云：「烙一音閣，又云爲銅格。今本譌「烙」。炊炭其下，使罪人步其上。」又楊倞注荀子議兵篇：「音古責反。」觀鄒、楊所音，皆是「格」字無疑。鄭康成注周禮牛人云：「互若今屠家懸肉格。」意紂所爲亦相似，庋格、庋閣兩音皆可通。呂氏春秋過理論云：「肉圃爲格。」高氏注：「格以銅爲之，布火其下，以人置上，人爛墮火而死。」列女傳所說亦相類。是其爲「格」顯然，而不但以燔灼爲義。今諸書皆爲後人改作「炮烙」矣。段若膺嘗正其誤。

格是

白樂天詩：「如今格是頭成雪，彈到天明亦任君。」元微之又有「隔是身如夢，頻來不爲名」。容齋隨筆云：「格與隔二字義同，猶言已是也。」近來樂天集改作「況是」，淺俗之甚。司空圖亦有句云：「格是厭厭饒酒病，終須的的學漁歌。」

遂跣以下

左氏宣二年傳：晉靈公「飲趙盾酒，伏甲，將攻之。其右提彌明知之，趨登，曰：『臣侍君宴，過三爵，非禮也。』遂扶以下」。服虔本作「遂跣以下」，「跣」字是也。襄三年傳，晉悼公懼魏絳之死，亦「跣而出」。皆是急迫不及納屨使然。趙盾飲未至醉，何假於扶？明「扶」字誤。抑古者見君解韤，故哀二十五年，褚師聲子韤而登席，衛侯怒。余外祖馮山公先生以詩「赤芾在股，邪幅在下」證之，知可以去韤也。

大成午

漢書古今人表有大成午在中中，見韓策「大成午從趙來，謂申不害於韓」云云。高誘本與上三晉已破智氏一篇相次，鮑彪本移易其次於二篇之中，間以韓傀相韓一篇，而誤截「大」字於三晉已破智氏篇之末。段規勸韓王取成皋，「至韓之取鄭也，果從成皋始」，鮑彪本作「果從成皋始大」。此熟於左氏「成子始大」之文，而不知語意之各異也。段規之意，止在得成皋以取鄭，故末二句正著其語之驗而已。且即欲明韓之始大，亦當云「其後果從成皋以取鄭，韓於是乎始大」，不當云「果從成皋始大」也。鮑氏於此頗覺鹵莽，而吴師道亦復不覺其誤。甚矣！古書之不可輕議更改也。此「大成午」，史記趙世家作「大戊午」，韓非子内儲説下作「大成牛」，各譌一字，唯人表與韓策合。

鮦有紂音

漢書地理志汝南郡鮦陽，孟康曰：「鮦音紂。」後人疑其音不合，輒於其下增作「紂紅反」，不知「鮦」元有兩音，而鮦陽縣自當音「紂」。顔師古漢書高帝紀注云：李登、吕忱竝音「貰」式制反。「而今之讀者謂與『射』同，引地名射陽作『貰』爲證，此説非也。假令地名爲『射』，自是假借，亦猶鮦陽音『紂』、蓮勺音『酌』，當時所呼别有意義，豈得即定其名以爲正音乎？」據此，則鮦陽斷不讀「紂紅反」明矣。玉篇「鮦，直聾切，鱧魚也。又直久切」；廣韻「徒紅切」，「又直冢、直柳二切」；爾雅釋文「鰹，大鮦」，「音童，又逐拱反」。是則玉篇、廣韻亦明有「紂」之一音，非誤明矣。近人表中有一聯云：「别風淮雨，惜奇字而偏留；許緑紂紅，踵駮文而莫悟。」「許緑」見顔氏家訓「鷊項，許緑反」，人誤讀爲許緣反。今以「紂紅」配「許緑」，得毋亦以「紂紅」爲正音乎？

准

廣韻「準」字下以「准」爲俗，然其來已久，諸子百家之書皆有之。周書寶典解「准德以義」、管子宙合篇「規矩繩准，稱量數度」、他篇尚多。文子道原篇「放准循繩」、莊子天道篇「平中准」、吕覽君守篇「有准不以平」、淮南子齊俗訓「眇者使之准」、白虎通五行篇「水之爲言准也」、緯書「有靈准聽」、家語五帝德篇「左准繩，右規矩」、晉山濤帖有「陳准」、晉書律志「京房作准以定數」，若此者非一，固不因避劉宋順帝、趙宋寇萊公之名而改也。北史魏長孫肥傳：中山太守仇儒「推趙准爲主，妄造祅言云：『燕當傾，趙當續。欲知其名，淮水不足』」。此更可爲古來相沿作「准」之明證。

福

福從衣，與從示者别，見文選西京賦「仰福帝居」，李善注：「福，同也。」匡謬正俗見當時本有作「福」字者，云：「福當爲福，古副貳字。」又徐鍇説文繫傳於「福」字下辨之云：「西都賦『仰福帝居』，彼福字從衣，非此字。」文弨讀荀悦申鑒政體篇云「好惡、毁譽、賞罰，參相福也」，「福」亦是「福」字之誤，當訓爲副。

麤粗

說文：「麤，行超遠也。倉胡切。」「粗，疏也。徂故切。」兩音兩義。昔人多以「麤」、「粗」連用成文。春秋繁露俞予篇云：「始於麤粗，終於精微。」論衡正説篇云：「略正題目麤粗之説，以照篇中微妙之文。」莊子則陽篇釋文司馬云：「鹵莽猶麤粗也。」「粗」亦作「觕」。漢書藝文志敘數術云：「庶得麤觕。」何休公羊隱元年注云：「用心尚麤觕。」文二年同。觕，才古反，與粗音義竝同。每見今人遇「麤粗」字改爲「麤糲」，或改「麤疎」，皆失於不考。宋陸農師，通小學者也，其荅陳民先書有云：「精神之所會，得其精微而遺其麤粗。」今校者改作「麤麤」，便不成文理。又晏子問上篇云：「縵密不能，蔍苴學者詘。」「蔍苴」疑亦即「麤粗」，葢言不能周密而但涉獵耳。

二八

左氏昭廿五年傳：「將禘於襄公，萬者二人，其衆萬於季氏。」呂覽、淮南亦竝作「二人」。吴斗南兩漢刊誤補遺曰：「舞必以八人成列，故鄭賂晉以女樂二八。晉侯以樂之半賜魏絳，亦是以八爲列。此二人乃二八之誤。」歐陽士秀孔子世家補曰：「魯隱公考仲子之宫，初用六佾，則魯羣公之廟庭由是亦皆六佾可知。季氏大夫當用四佾，而乃僭用八佾，故於襄廟六佾之中取其四佾，并自有之四佾而成八佾。以此知『萬者二人』之當作『二八』明矣。」文弨案，秦遺戎王女樂亦是二八，齊遺魯女樂八十人，太平御覽引家語作「二八」，楚辭招魂云「二八侍宿」，大招云「二八接舞」，王逸云「二八，二列也」，皆可互證。

櫛比諧韻

詩周頌良耜：「其崇如墉，其比如櫛。」釋文：比音「毗志反」。今人多從之，然非也。「比」當讀「弼」，「崇」、「墉」是韻，「櫛」、「比」亦是韻。如召南騶虞，「之」、「乎」與「虞」皆是句中自相諧合。又如古語之「少成若天性，習貫如自然」，「成」與「性」、「貫」與「然」，古人平側不分，亦未嘗不諧合也。唐顧況十月之郊詩曰：「棟之斯厚，榱之斯密。如翼于飛，如鱗櫛比。」此可見昔人固讀「比」爲「弼」矣。又凡「排比」、「駢比」，皆如此讀。白香山詩「花教鶯檢點，柳付風排比」，與「出」、「實」等韻叶；又「餞筵纔收拾，征棹遽排比」，與「一」、「唧」等韻叶。張曲江荔支賦「皮龍鱗而駢比」，與「微文妙質」叶。元微之酬鄭從事詩「舟船駢比有宗侶」，於「比」下自注云「毗必反」。

鼓鍾

家語正論解：「趙簡子賦晉國一鼓、鍾，以著刑鼎。」鼓、鍾，權量名也。王肅注云：「三十斤謂之鈞，鈞四謂之石，石四謂之鼓。」左氏載晏子稱：「四升爲豆，各自其四，以登於釜，釜十則鍾。」今左傳作：「賦晉國一鼓鐵，以鑄刑鼎。」杜注訓「鼓」爲「鼓橐」。宋歐陽士秀作孔子世家補辨之云：「古人鑄鼎皆用銅，未聞以鐵。又凡鑄鍾鼎，誰非鼓橐者，何必贅此『一』字？」當從家語作鼓鍾。葢簡子興城而用不足，故其賦斂於晉國之内，自一鼓、十鼓以至百鼓已上，自一鍾、十鍾至於千鍾有畸，以是爲率數也。又以公私鼓、鍾之量有不齊者，索而齊壹之。一即壹也。燬其不齊者，更鑄以給焉。又取其銷燬之餘以爲鑄刑鼎之用。」此説似較之杜注爲勝。

處必弇

吕氏春秋仲冬之月云：「君子齋戒，處必弇。」高誘注云：「弇，深邃也。」此即書堯典所謂「厥民隩」也。冬氣寒，故幽民是時皆入此室處。楚辭招魂云：「冬有突廈。」王逸注云：「突，複室也。」「突」亦訓爲深，然則必「弇」，正以居處言之。乃今禮記月令作「處必掩身」，下云「身欲寧」，上「身」字因下句「身」字而誤衍耳。仲夏之月「處必掩，身毋躁」，呂氏、淮南亦皆以「身」屬下讀，淮南無「處必掩」之文，但云「君子齋戒，慎身無躁」而已。然仲夏候漸炎熱，戒其露體，理容可通；仲冬人莫不畏寒，必無有褻露者而尚沾沾然戒以「處必掩身」，不太無謂乎？故知今之月令「身」字爲衍，而「掩」字亦當從呂氏作「弇」。

范蠡流江

史記貨殖傳：「范蠡既雪會稽之恥」，「乃乘扁舟浮于江湖。變名易姓，適齊爲鴟夷子皮，之陶爲朱公」。與越語「莫知其所終極」微異。乃呂氏春秋悔過篇云：「箕子窮于商，范蠡流乎江。」離謂篇又云：「范蠡、子胥以此流。」夫言「流乎江」，亦可解「流」爲「浮」；至其與子胥竝言，則真若沈於江矣。賈誼書耳痺篇建寧本作「范蠡負室而歸五湖」，「負」即「背」也，蠡之去不與其妻子偕行也；潭州本作「范蠡負石而蹈五湖」，此則與流江之説又相近。蓋子胥既死，吴王載以鴟夷而浮之江，而范蠡乃自號爲鴟夷子皮，意當時因此誤傳，遂皆有流江之説。至唐人杜牧之詩云「西子下姑蘇，一舸逐鴟夷」，不知其從子胥歟？從少伯歟？流俗遂有蠡載西施之説，則亦以鴟夷之相涉故耳。

王菩

禮記月令孟夏之月「王瓜生」，注云：「今月令云『王萯生』。」「萯」與「菩」古通用，故吕氏春秋作「王菩生」，高誘注云「菩或作瓜，瓝瓟也」，今刻本皆譌「菩」爲「善」。有明劉如寵所梓，知「王善」字必誤，而不能推究其所由誤，徑依月令作「王瓜生」，并改誘之注云「王瓜即今栝樓也」。此大非闕疑之義。案穆天子傳「爰有藿葦莞蒲，茅萯蒹葽」，郭璞注云：「萯，今菩字，音倍。」漢書宣帝紀甘露二年，「行畚萯陽宫」，東方朔傳「從宣曲以南十二所，中休更衣，投宿諸宫，長楊、五柞、倍陽、宣曲尤幸」，顏師古注：「倍陽，即萯陽也。」蓋「萯」、「菩」皆與「倍」同音，故「萯陽」或作「菩陽」，亦可即作「倍」字。則知吕氏之「王菩生」，正與鄭注所云今月令作「王萯」者合。集韻：「萯音蓓，與菩通。」吕氏俗本作「善」，因與「菩」字形近而譌。劉本妄改，則使後人竟無從攷證矣。故古書雖明知其誤，毋寧姑仍之之爲愈。

杋古文簋字

説文：簋，古文作杋。案春秋繁露祭義云：「春上豆實，夏上尊實，秋上杋實，冬上敦實。」「豆實韭也」，「尊實醴也」，「机實黍也」，「敦實稻也」。此正「簋」作「机」之證。文弨校梓此書時，尚沿舊本之誤作「机」，錢詹事莘楣爲余言正之。案「九」與「鬼」古音相同，故「九侯」亦作「鬼侯」，凡「軌」、「氿」等字亦皆從「九」得聲。

裓

新唐書南蠻傳驃國：「樂工皆崑崙，衣絳氎，朝霞爲蔽膝，謂之裓襔。」董衝音義云：「裓，古得切。釋典有衣裓。」與廣韻二十五德内音義竝同。今案一切經音義阿毗曇毗婆沙論第二十一卷，元應音「孤得切」，云：「相傳云衣襟也。」今人因其與木旁之械相似，遂改唐書音義爲「占待切」。有新梓林和靖詩者，其送僧之京詩云：「皇城十二衢，埃塵滿香裓。何以待歸期，山中桂花色。」疑「裓」不當與「色」爲韻，妄改爲「香域」，此何義也！和靖詩中尚有「香裓漸多塵」之句。「襔」字書無攷，董亦無音。「衣裓」用於釋氏爲多，然亦可以通用。虞龢論書云：「晉時有一好事少年，故作精白紗裓衣，著詣子敬」，子敬取書之兩袖及褾略徧。然則「裓」非專指衣襟也。

新唐食貨志之誤

志云：「凡授田者，丁歲輸粟二斛，稻三斛，謂之租。丁隨鄉所出，歲輸絹二匹，綾、絁二丈，布加五之一，緜三兩，麻三斤，非蠶鄉則輸銀十四兩，謂之調。」此於舊所無者增之，分者併之，文獻通考疑其太重，是矣。至其約舊志及通典之文，亦復有未盡明晰者。蓋歲輸粟二斛謂之租。丁隨鄉所出，或出絹、絁二丈，或不出絹、絁而出布，加五之一，則二丈四尺也。時實徵二丈五尺。輸絹、絁者，兼調緜三兩；輸布者，麻三斤。通考於「布加五之一」下即接以「緜三兩」，亦殊混。蓋粟者穀之實也，即稻也。新書於粟二斛之外又加以稻三斛，豈以後世之言粟者但指粱黍故歟？似此，稻何以反不如粟而加重也？非蠶鄉則出布矣，亦無輸銀之理。吴縝作新書糾繆，而於此最關繫處，反略而不言，則其所摘者，但篇章之小疵耳。余攷之唐律疏議：「依賦役令，每丁租二石，調絁、絹二丈，緜三兩，布輸二丈五尺，麻三斤，丁役二十日。」然猶未甚明析。又攷之唐六典户部下云：「課户每丁租粟二石，其調隨鄉土所産，綾、絹、絁各二丈，布加五分之一，輸綾、絹、絁者緜三兩，輸布者麻三斤。」本作「二斤」，疑誤。又攷關内道下子注云：「京兆、同、華、岐四州調緜絹，餘州布麻。」又河南道下云：「陳、許、汝、潁調以絁緜，唐州麻布，餘竝以絹及緜。」更可見綾、絹、絁三者不竝徵也。皆無「稻三斛」、「絹二匹」、「絹」字應有。「銀十四兩」之語，新志妄增之，其流毒恐有不可言者。唐時唯蠻州用銀，中國尚未以此爲市易，何由遽徵之？且攷通典所載土貢，如海南諸郡始貢銀，其數大率二十兩，閒有三十兩、五十兩者，唯始安郡獨百兩。夫一郡二十兩，一丁乃當其三分之二，有是事乎？宋景文荒唐亦斷不至此，得無鈔胥之妄增邪？唐時丁皆授田，故所定賦役，如六典所言，不得尚疑其重。

興雨祁祁

詩小雅大田之篇云：「有渰萋萋，興雨祁祁。」釋文：「興雨，如字。本作興雲，非。」顏氏家訓亦以「興雨」爲是，而以班固靈臺詩爲證。金壇段明府若膺云：「雲自下而上，雨自上而下，故素問曰『地氣上爲雲，天氣下爲雨』，諸書皆言『興雲』，作『雲』，斷無言『興雨』者。韓詩外傳八、吕氏春秋務本篇、漢書食貨志上、隸釋無極山碑皆作『興雲』，更不比單文孤證矣。『興雲祁祁，雨我公田』，如言『英英白雲，露彼菅茅』也。」梁曜北云：「鹽鐵論水旱篇、後漢書左雄傳皆作『興雨』，高誘注吕氏亦云『陰陽和，時雨祁祁然不暴疾』，則本文亦是『興雨』。」近嘉定錢宫詹曉徵漢書攷異據韓奕詩「祁祁如雲」謂經師傳授之異，非轉寫有譌。此說本於洪氏及野客叢書，當是也。

駉駉牡馬

「江南書皆作牝牡之『牡』，河北本悉爲放牧之『牧』。」顔氏家訓以「牡」字爲是，謂：「良馬，天子以駕玉輅，諸侯以充朝聘郊祀，必無騲也。」段若膺駁之云：「以周官馬政攷之：『凡馬，特居四之一』，則有牡無牝之説全非。唐石經元作『牧』，又改作『牡』。」臧在東復折衷其説云：「顔氏本引毛傳『駉駉，良馬腹幹肥張也』：『頌人舉其强駿者言之，於義爲得也』。則不必攷之周官馬政，而此頌自作牡馬。駉之言『駉駉牡馬』，猶定之方中之言『騋牝三千』。詩人辭意各有專主，非汎言也。下云『在坰之野』，牧意自明。從唐石經後所改爲是。」

唐屯田

唐屯田與其給牛之等，新書食貨志所載又多譌脱，文獻通考取其文亦不能辨也。志云：「唐開軍府以扞要衝，因隙地置營田，天下屯總九百九十二。司農寺每屯三頃，州鎮諸軍每屯五十頃。」今攷通典云「開元令：諸屯隸司農寺者每三十頃以下、二十頃以上爲一屯」，則當云「司農寺每屯三十頃以下至二十頃」。今云「每屯三頃」，以三頃之少而設屯官、屯副以主之，不太煩乎！又云：「上地五十畝，瘠地二十畝，稻田八十畝，則給牛一。」此又誤也。通考又載通典之文於後云：「土軟處每一頃五十畝配牛一頭，强硬處一頃二十畝配牛一頭。」其稻田給牛之數則與志同。今以土軟、土硬改爲上地、瘠地，未盡失也；而兩句皆脱去「一頃」二字，則於牛力甚有餘，而以一牛博瘠地二十畝之所入，何以相當？通志前後互載不加契勘，甚非著書之體。

雄雒易譌

今外傳越語「王孫雄」，舊宋本作「王孫雒」，墨子所染篇道藏本亦同，吴越春秋夫差内傳、又句踐伐吴外傳、越絶請糴内傳又記吴王占夢皆作「王孫駱」，説苑作「公孫雒」，唯吕氏春秋當染篇作「王孫雄」，史記越王句踐世家作「公孫雄」。宋公序作國語補音，定作「雄」字，且爲之説曰：「漢改『洛』爲『雒』，疑『洛』字非吴人所名。」今案宋説殊誤。「有騈有雒」，見於魯頌。春秋文八年經書「公子遂會雒戎」，傳作「伊雒之戎」，宣三年傳「楚子伐陸渾之戎，遂至于雒」，漢書弘農郡有上雒縣，人表有雒陶，乃舜之友，尸子作雄陶，是後漢以前本有「雒」字，至後漢乃始專用「雒」廢「洛」耳。豈東京創製此字乎？以「駱」字證之，則「雒」字是矣，否則不若各從本書爲得。又如後漢列女傳有孝女叔先雄，水經注江水一「雄」作「絡」，舊本誤作「終」，故困學紀聞引之作「光終」，兩字皆譌。今案華陽國志黄帛傳，帛自沈求夫尸，與絡求父尸同，時人爲之語曰：「符有先絡，僰道張帛。」「絡」、「帛」叶韻，則「終」字之誤顯然，而後漢傳之「雄」字亦當作「雒」，明矣。又呂氏春秋聽言篇「空洛之遇」，「空洛」乃地名，淫辭篇作「空雄」，是亦「雒」字之誤。

羆九

山海北山經：「倫山有獸如麋，其川在尾上，其名曰羆九。」今本皆脱「九」字，唯道藏本有之。後載郭璞贊云：「竅生尾上，號曰羆九。」注以「川」爲竅也。其注爾雅「白州驪」以「州」爲竅，故畢中丞山海經校本疑「川」字當作「州」是已。

一脟

呂氏春秋察今篇：「嘗一脟肉而知一鑊之味、一鼎之調。」今本「脟」作「脬」，誤。「脟」即「臠」字。史記司馬相如傳載子虚賦有云「脟割輪粹」，集解引郭璞曰「脟音臠」，顔師古注漢書相如傳云「脟字與臠同」，李善注文選亦音臠。竊疑「脟」乃從𠬪省，其下「又」與「寸」篆文亦相近，故可讀臠。意林即作「臠」字，北堂書鈔百四十五引呂氏作「嘗一臠肉」。淮南説山訓、説林訓及史傳作「一臠」者多，知「一脟」之即「一臠」者少矣。又案淮南繆稱訓「同味而嗜厚膊者，必其甘之者也」，高誘注：「厚膊，厚切肉也。」「膊」亦疑是「脟」字。

同年丈人

同年之父稱同年丈人，鄭谷雲臺編自序曰：「谷騎竹之年，即有賦詠，同年丈人三川守李公朋、同官丈人馬博士戴，嘗撫頂歎勉，謂他日必垂名。」胡震亨唐詩戊籤所載，俱删去兩「丈人」字，語便不可通。王禹偁在宋初於同年之父猶稱丈人，今小畜集中如馮氏家乘序，爲馮謐作，其子伉，禹偁同年也，文云：「某忝同年之顧，覽丈人之作。」又銘王子輿希孟父墓云：「某與希孟爲同恩生，重以宗盟，丈人之墓，所宜爲銘。」又爲朱遵式墓碣銘云：「某與大著作謂其子九齡。爲進士同年，請以詞臣之筆，誌於丈人之墓。」今小畜集鈔本、刻本皆誤以「丈人」爲「文人」，當以鄭谷語正之。

薦表稱字

文選載孔融薦禰衡表云：「竊見處士平原禰衡，年二十四，字正平。」又任昉爲蕭揚州薦士表云：「竊見祕書丞琅邪王暕，年二十一，字思晦。」「前晉安郡候官令東海王僧孺，字僧孺，年三十五。」宋書良吏陸徽傳載薦士表云：「伏見廣州别駕從事史朱萬嗣，年五十三，字少豫。」古人於君上之前亦兼稱臣下之字，是以其君亦間有稱臣下之字而不名者。唐文宗聞人舉陳子昂名，因曰他字伯玉，可見此風至唐猶然也。

外三字

宋制翰林學士、中書舍人爲兩制。舍人官未至者則云知制誥，世稱美之爲「三字」，見洪容齋三筆。而幕府之掌書記者，因亦謂之爲「外三字」。王禹偁小畜集有還揚州許書記家集詩云：「廣陵郡大古九州，記室官清外三字。」或改「三字」爲「三事」，誤。

常桓

鮑照謝上除啓：「臣白俗本作「自」，譌。丁常桓，來塗階級，非所敢冀。」又通世子自解云：「僕以常桓，無用於世。」「常桓」疑即「庸豎」。漢韓明府孔子廟碑則以爲「相桓」字。說文：「木豆謂之梪。」鮑之所用則非此義，蓋本「裋」字，同「豎」，譌爲「桓」也。

蒳胡

周禮天官鼈人「掌取互物」，鄭司農云：「互物，謂有甲蒳胡，龜鼈之屬。」案呂氏春秋孟冬紀「其蟲介」，高誘注：「介，甲也，象冬閉固，皮漫胡也。」「漫」與「蒳」音義同。甲周其外，皮亦周其内，今人謂鼈有裙。五代史補言僧謙光「但願鵞生四掌，鼈留兩裙」。「裙」即所謂皮漫胡也。廣雅釋詁三「蒳，當也」，蓋如器之有當。莊子説劍篇「曼胡之纓」，此當與古係冠者殊，必擁其頸與頷下而爲之，故亦取名於此耳。

門焉者閨焉者

公羊宣六年傳：晉靈公使勇士往殺趙盾，「入其大門，則無人門焉者；入其閨，則無人閨焉者」。何休注：「焉者，於也。是無人於門閨諸本二字誤倒。守視者也。」「上其堂，則無人焉。」注言：「焉者，絶語辭。堂不設守視人，故不言堂焉者。」段若膺云：「依注，則前兩句當作『則無人焉門者』、『則無人焉閨者』。」余謂下句注當作「故不言堂者」，今本皆衍一「焉」字，此傳文及注，疑皆後人轉寫失之。

苦息也

爾雅釋詁：「苦，息也。」郭注：「苦勞者宜止息。」意則是矣，而未有明證。案家語困誓篇：「子貢問於孔子曰：『賜倦於學，困於道矣，願息而事君，可乎？』」「困」、「倦」皆勞苦之意也，病而求息亦是。

車中内顧

文選張平子東京賦云「夫君人者，黈纊塞耳，車中内顧」，李善引魯論語及崔駰車左銘「正位受綏，車中内顧」以爲注，正以魯論語作「内顧」，無「不」字，與此合也。乃刻本於賦及注俱增「不」字，此但知今所習讀之本，而不知魯論語之本無「不」字也。夫張賦之「車中内顧」與「黈纊塞耳」皆四字爲句，加一字則參差不齊矣。崔駰銘今載古文苑，有三章。其車右銘云「箴闕旅賁，内顧自勑」，車後銘云「望衡顧轂，允慎兹容」。段若膺云：「觀此二章，益可證車左銘之爲『内顧』矣。崔銘中之『正位』即『正立』，古『位』、『立』通。又案漢書成帝紀贊云：『升車，正立，不内顧，不疾言，不親指。』顔師古注云：『今論語云：車中内顧，不疾言，不親指。内顧者，説者以爲前視不過衡軛，旁視不過輢轂。與此不同。』

然則師古所見之論語亦無『不』字。説者云云，乃包咸注，是包亦依魯論爲説也。」

鄧扈樂

左氏莊卅二年傳「圉人犖」，公羊作「鄧扈樂」。案何休於公羊宣十二年傳「厮役扈養」下注云：「養馬者曰扈。」是「扈」與左氏「圉人」同義，鄧當是其姓爾。

欲奇此女

漢書高帝紀：「吕媪怒吕公曰：『公始常欲奇此女，與貴人。』」欲奇云者，由人自以己意奇而異之也。史記外戚世家王太后母臧兒卜「兩女皆當貴，因欲奇兩女」云云，文法正同。乃有朱子文者，以爲當作「公始奇此女，欲與貴人」，便成時下庸句。此類監本乃取而載之，何也？

屻録

荀子榮辱篇：「孝弟愿愨，軥録疾力，以敦比其事業，而不敢怠傲。是庶人之所以取煖衣飽食，長生久視，以免於刑戮也。」楊倞注云：「軥與拘同。拘録謂自檢束也。疾力謂速力而作也。」蓋以君道篇有「愿慤拘録」語，故謂「軥」同「拘」。然淮南子主術訓：「人之性莫貴於仁，莫急於智。兩者爲本而加之以勇力辨慧、捷疾劬録。」則「劬録」猶今人之所謂勞碌，但以檢束爲言非也。泰族訓又云「劬禄疾力」，作「劬」是也。「禄」當作「録」，或古人以音同得借用也。君道篇以「願慤拘録」爲官人使吏之材，則尤當作勤勞解爲是。

淩慄也

爾雅釋言云：「淩，慄也。」釋文云：「案郭注意，當作倰。埤蒼云：『倰，慄也。』」今本釋文及疏皆以郭注意作「陵」，埤蒼作「淩」，此竝誤也。案淮南兵略訓「諸侯莫不慴倰」，鶡冠子備知篇「登高者，下人代之倰」，張平子西京賦「百禽倰遽」，竝从立心。陸德明謂郭注意作「倰」，故引埤蒼之「倰」爲證，豈有一作「陵」，一仍作「淩」之理？至樊光本作「淩」，如揚子雲羽獵賦「虎豹之淩遽」，與「倰」可通用。

易象傳兩用字皆害之誤

易剥上九象傳：「君子得輿，民所載也。小人剥廬，終不可用也。」又豐九三象傳：

「豐其沛，不可大事也。折其右肱，終不可用也。」「用」與「載」、與「事」韻皆不叶，顧寧人易音亦謂其不可曉。今讀江陰楊文定劄記云：「兩『用』字皆『害』字之誤也。蓋小人剥害君子，是自割其廬也。然碩果不食，自然之理，君子得輿，民心之公。小人雖欲剥盡君子，而君子終不可害也。豐三以明極遇暗時，過剛不中，勢有折肱之損。然以救暗爲心，至於折肱而不悔，於義爲无咎矣。故亦曰終不可害也。」案此解甚確。「害」在十四泰，「載」在十九代，「事」在七志，古韻皆得相通。古「害」字作「㝬」，故易與「用」字相混。且有誤作「周」者。如序周禮廢興言「諸侯惡其害己」，舊本誤作「周己」；鹽鐵論地廣篇「賤不害智，貧不妨行」，亦誤作「周智」，皆以形近致譌。則知「用」之爲「害」，於此益信。

鍾山札記卷三

候鴈北

禮記孟春之月「鴻鴈來」，吕氏春秋作「候鴈北」，吕氏所紀是也。蓋仲秋之月鴻鴈來，以其從徼外而入中國，故當言來。若禹貢云「彭蠡既豬，陽鳥攸居」，則在中國之地有定止矣。其從彭蠡而北也，非由南徼之外，則但紀其北可耳，何以亦言來乎？故知吕氏之文爲當。

原圃具圃

左氏僖卅三年傳皇武子曰：「鄭之有原圃，猶秦之有具圃也。」宋時本是「具圃」，今本作「具囿」。案初學記河南道所引是「具圃」，水經瀆水下所引本是「具圃」，新校本乃改作「具囿」。今以杜預注攷之，云「原圃、具圃，皆囿名」。若是具圃，杜必不如是下注；即注，亦當止云「原圃亦囿名」可矣。以此知作「具圃」爲是。高誘注吕氏春秋，凡所引皆作「具圃」也。

東平王雲

水經汶水注載息夫躬告東平王雲事，引漢書五行志此酈氏之誤，新校本改作宣元六王傳，是也。曰：「哀帝時，無鹽危山土自起覆草，如馳道狀。又瓡宋本如此，即今之「瓠」字。山石轉立。」晉灼曰：「漢注作報山，山脅石一枚，轉側起立，高九尺六寸，旁行一丈，廣四尺。」以上皆晉灼語。「東平王雲及后謁，自之石所祭，治石象瓡山立石，東倍草，并祠之。建平三年，息夫躬告之，王自殺，后謁棄市，國除。漢書：石立，宣帝起之表也。」上皆水經注元文。此事由息夫躬之誣告，逮王、后謁驗治，大抵鍛鍊成之，云「雲與知災異者高尚等指星宿，言上疾必不愈，雲當得天下。石立，宣帝起之表也」。即如漢書所言，「石立，宣帝起之表」亦是高尚等之語。今新校水經注移其文作：「東平王雲及后謁曰：漢世石立，宣帝起之表也。」是不獨受誣於當日，而更受誣於後世矣。余謂此十字是注中之注，與上晉灼同，故上又以「漢書」二字起文，當從舊本爲是。

山陽橐縣

水經泗水注：「泗水又南逕高平縣故城西。漢宣帝地節三年，封丞相魏相爲侯國。

高帝八年，封將軍陳錯爲橐侯。地理志曰：縣故山陽之橐也，王莽改曰高平。」此段文多舛誤。宣帝不應在高帝之前。又魏相所封者，據漢書恩澤侯表於高平下注一「柘」字。柘縣，漢志屬淮陽國，則相所封乃柘縣之高平鄉，非縣也。新校本知其誤，乃刪去此十五字。然「陳錯爲橐侯」亦未得是。攷錯所封乃真定所屬之槀縣，舊本水經注尚作「槀」字，既作「槀」，即不應繫之高平。新校本乃改爲「漢高帝七年，史表是八年，不當改爲七。封將軍陳錯史記是陳錯，亦不必改。爲橐侯。地理志：縣故山陽之屬縣也」。此改亦未爲是。真定去山陽太遠，不如淮陽之猶相附近矣。余意此兩條當一併刪去，於「泗水又南逕高平縣故城西」徑接「地理志：縣故山陽之橐也」，不泯然合符乎？蓋此兩段皆後人所坿益，亦不出一手，故參差不合也。

鼈令

水經江水一注：「荊人鼈令。」案此乃人名。蜀王本紀作「鼈泠」，蜀志作「鼈靈」。新校本惑於漢志牂柯郡有鱉縣之注，遂改爲「鱉令」，似謂「鱉縣」之令，非也。

聖于

吕氏春秋審應覽：魏昭王謂田詘曰：「然則先生聖于？」高誘注：「于，乎也。」案古人用「乎」字亦可作「于」。如列子黄帝篇：「今汝之鄙至此乎？」殷敬順釋文云：「乎，本又作于。」又周穆王篇：「王乃歎曰：『於乎！』」釋文作「於于，音嗚呼」。至詩中「于」作「乎」字用者，唯見元稹酬樂天東南行百韻，彼用「友于」，元詩則云「學問徒爲爾，書題盡已于」。又如荀子富國篇：「使天下生民之屬，皆知己之所願欲之舉在是于也，故其賞行；皆知己之所畏恐之在是于也，故其罰威。」楊倞注：「是于，猶言于是。說苑亦作是于也。」攷今說苑皆爲後人所更改，其政理篇「聘我者莫大乎於是」，必本作「是于」，而改「于」爲「乎」，又改爲「於」，是故文有複沓也。今所以知其爲「是于」者，以家語子路初見篇亦說此事，云「聘我者孰大是哉」，彼作「哉」，則此定當爲「莫大是于」也。

後門

荀子大略篇：「柳下惠與後門者同衣而不見疑，非一日之聞也。」楊倞注：「後門，云君之守後門至賤者。柳下惠衣之弊惡與後門者同。」此注非是，案毛詩巷伯故訓傳云

「嫗不逮門之女，而國人不稱其亂」，正指此事。呂氏春秋長利篇云：「戎夷違齊如魯，天大寒而後門。」高誘注：「後門，日夕門已閉也。」此釋是矣。韓非子外儲説左下亦有「暮而後門」語。

鄭康成周禮序

鄭康成有周禮序，見於賈公彦序周禮廢興篇中。近刻鄭司農集未及採入，殆以文不全且雜以公彦語，别白爲難故也。今姑以其灼然可知者録於此。序云：「世祖以來，通人達士，大中大夫鄭少贛名興及子大司農仲師名衆、故議郎衛次仲、侍中賈君景伯、南郡太守馬季長，皆作周禮解詁。」又云：「玄竊觀二三君子之文章，顧省竹帛之浮辭。其所變易，灼然如晦之見明；其所彌縫，奄然如合符復析。斯可謂雅達廣攬者也，然猶有參錯。同事相違，則就其原文字之聲類，考訓詁，捃祕逸。謂二鄭者，同宗之大儒，明理于典籍，觕識皇祖大經周官之義，存古字，發疑正讀，亦信多善。徒寡且約，用不顯傳于世。今讚而辨之，庶成此家世所訓也。」「其名周禮爲尚書周官者，周天子之官也。書序曰：『成王既黜殷命，滅淮夷，還歸在豐，作周官。』」「是言蓋失之矣」已下是賈公彦語。又曰：「斯道也，文、武所以綱紀周國，君臨天下。周公定之，致隆平龍鳳之瑞。」「然則周禮」已下又賈公彦語。故鄭氏傳曰：「玄以爲括囊大典，網羅衆家。」「是以周禮大行」已下又賈公彦語。

三禮目録

康成有三禮目録，唐人作疏引之，各冠當篇之首，於題下系以「鄭目録云」四字。今本集爲一編，理無不可。題下當直載鄭氏之説，乃今本去「鄭目録云」而易以「注」字，注者注經，豈注目録乎？又周禮鄭氏注、儀禮鄭氏注之類亦入目録中，殊所未安。

大題小題

古書大題多在小題之下，如「周南關雎詁訓傳第一」，此小題也，在前；「毛詩」二字，大題也，在下。陸德明云：「案馬融、盧植、鄭康成注三禮，竝大題在下。班固漢書、陳壽三國志，題亦然。」蓋古人於一題目之微，亦遵守前式，而不敢紛亂如此。今人率意紛更，凡疏及釋文所云云者，竝未寓目，題與説兩相矛盾，而亦不自知也。漢書、三國志毛氏汲古閣版行者猶屬舊式，他本則不盡然矣。

鄭氏詩譜

康成詩譜，其十五國次序不與今詩同，作正義者引之，各冠每國之首，則非復鄭氏之元次矣。今欲紬出别爲一編，意誠善也，然當攷其本文而復之。先周南、召南，次邶、鄘、衛，次檜、鄭，次齊，次魏，次唐，次秦，次陳，次曹，次豳，次王，次小雅、大雅，次周頌，次魯頌，而以商頌終焉。乃今本仍以王繫邶、鄘、衛之後，於正義所云「王詩次在鄭上，譜退豳下，欲近雅頌」云云者未寓目也；於陳下仍别出檜，不與鄭連，於正義所云「既譜檜事，然後譜鄭」云云者未寓目也。此何異於今之周易本義了非朱子所定之本！蓋明初本義與程子易傳兼用以取士。程用今易，朱用古易，合刻之，始改朱之次第以從程，既而單用本義，即於合刻中紬出，而不復攷朱子所定之舊本，事頗相類。幸今休寧戴氏震、海寧吴氏騫皆有鄭氏詩譜校本版行，後來庶不致沿譌襲繆矣。

續漢書志

續漢書乃晉司馬彪紹統所著，書不傳，而志三十卷附范蔚宗後漢書之後而傳。梁劉昭又爲之注，於彪本注進爲大字，其所未備，注以補之，故稱注補。毛氏汲古閣刻本尚不以續志閒范書之中，而監本乃欲與史、漢一例，遂移置列傳之前，且不題司馬彪之名，又易劉昭注補爲補注，皆失本來面目矣。

史記集解索隱正義

左、公、穀三傳經文多有互異，後人別白注明。今史記三家之注亦多異同，今若不依三傳之例於正文先注明，則必有改易遷就之失。即如五帝本紀「暘谷」，正義作「陽谷」；「南譌」，索隱作「南爲」；殷本紀「羑里」，正義作「牖里」；周本紀「居易無固」，索隱作「居易」。其他義同而字異者尤多。後若重梓此書，宜有以別白之。其索隱之注尤多猥并，有非注而亦繫於注者，讀之反足以致惑。汲古閣有單行索隱，本殊自井然。凡小司馬欲以己意更定者，不以入注，附刻全書之後，乃爲善耳。

須葑蓯

詩邶谷風云「采葑采菲」，傳云：「葑，須也。」爾雅「須，封蓯」，郭注「未詳」；又「須，蕵蕪」，郭注云：「似羊蹄，葉細。味酢，可食。」案方言「蘴蕘，蕪菁也」，玉篇引方言「蘴，江東呼菘」，爾雅之「封」與「葑」、「蘴」同一字，「蓯」亦與「菘」音相近，故先儒皆以「須，封蓯」當詩之「采葑」。太平御覽於「蕪菁」條亦引爾雅「須，封蓯」之文。乃作爾雅疏者，妄謂郭意以毛云「葑，須」者謂「蕵蕪」，其實郭何嘗云爾也。方言又云：「蕪菁紫華者，謂之蘆萉。」爾雅：「葖，蘆萉。」郭云：「萉宜爲菔。蘆菔，蕪菁屬，紫花，大根，俗呼雹葖。」又注「菲，葸菜」云：「菲草生下溼地，似蕪菁，華紫赤色。可食。」若「蕵蕪」下之注，竝無少似蕪菁者，而柰何以此當之？今當依先儒説爲正。

了戾

了戾者，屈曲旋轉之意。許慎注淮南原道訓云：「抮，了戾也。」郭璞注方言三「軫，戾也」云：「相了戾也。」楊倞注荀子修身篇「摰戾」云：「猶了戾也。」或者不曉，輒改爲「乖戾」。「乖」者相背而馳，與抮轉糾繞絶不相類，一字之誤，頓失本義。又案堪輿經云天寶曆亦有所爲了戾者，曹震圭曰：「月陽建前隔位之干配陰建者，爲了戾。」又釋名云：「枷，加也。加杖於柄頭，以撾穗而出其穀也。」「或曰了了。杖轉於頭，故以名之。」此則野人之所知，反有過於儒生者矣。

晉竹

吴越春秋句踐歸國外傳：遣使送吴王，有「晉竹十廋」。晉竹即箭竹也。周禮夏官職方氏：揚州，「其利金、錫、竹箭」。鄭注：「箭，篠也。」「故書箭爲晉。」此可證「晉」之即「箭」矣。蓋古人讀「箭」皆如「晉」如「搢」，與「薦」亦同音。爾雅釋地：「東南之美者有會稽之竹箭焉。」然則越之所産，貴於天下，故以獻吴王也。徐天祐音注謂：「庾當作搜。漢溝洫志『漕船五百搜』，今文作『艘』，音騷，船總名也。或作『⿰木叟』。」案徐説非是。詩魯頌泮水「束矢其搜」，傳云「五十矢爲束」，然則「搜」亦即束之謂矣。「庾」可通「搜」，十庾，五百箇也。竹可爲筏，不必船載，且其所同致者，唯葛布十萬爲多，餘若甘蜜九罋、文笥七枚、狐皮五雙，皆甚寡約，此晉竹亦宜相稱。且越方忌吴，此竹可爲箭，何取十艘之多？詩「搜」字本無正解，毛傳訓爲衆意，鄭箋則以爲搜然勁疾，各以意爲説耳。余則以爲即束矢之謂，以質來者。「九罋」，本書譌作「九党」，而韻會乃以爲「丸欓」，謂「欓」爲越椒，徐天祐云：「詳下文文笥之類皆以數計，則當作『九罋』。玉篇：『罋，丁盎切。盆也。』」此當從徐説。

⿱竹意

爾雅釋草「⿱竹意，箭萌」，今本郭注「萌，筍屬也」誤，當作「⿱竹意，筍屬也」，下引周禮「⿱竹意菹鴈醢」，則當作「⿱竹意」明矣。草木皆有萌，安得概言筍屬乎？

蘇桂荏注誤

爾雅釋草「蘇，桂荏」，郭注云「蘇，荏類，故名桂荏」，此注文不足案。疏中每直引注文，此疏云「以其味辛似荏，一名桂荏」，正是此注元文，而亦有誤，當云「以其味辛似桂，故名桂荏」始得之。

蜚蠦蜰

爾雅釋蟲「蜚蠦蜰」，舍人李巡皆以「蜚蠦」句、「蜰」句，郭注亦與之同，官本作「蜰即負盤」，竝不誤。此即廣雅之「蛗螽，蜰也」，釋文不引而反引「負蠜，蟅」爲説，非此蟲。或又改郭注作「蜚即負盤」，是因邢疏而誤改耳。

騋牝驪牡玄

爾雅釋畜「騋，牝驪、牡玄」，鄭康成如此讀。案郭注引周禮「馬七尺以上爲騋」。是竝不以「騋」屬之牝明矣。上引詩「騋牝三千」因成文耳，豈可即以郭爲「騋牝驪牡」句絶乎？又案釋文云：「孫注改上騋牝爲牡，讀與郭異。」「牡」乃「句」字之譌，若云「騋牡驪牡」，豈復成文？若以「牡」與「牝」當互易者，釋文何以未之及？故當云「孫注改上騋牝爲句」無疑也。邢氏不細審，而以「玄」字屬下句首。又郭注「玄駒」，「玄」字亦衍，駒爲小馬，此常訓耳，何必連「玄」字？邢氏既截「玄駒」屬下文，遂於郭注亦增此一字，謬甚。今以釋文證之，知郭與鄭同，唯孫氏獨異。邢疏依孫爲説，不可以誣郭氏。

中射

韓非子十過篇：「楚靈王爲申之會，宋太子後至，執而囚之，狎徐君，拘齊慶封。中射士諫。」案「中射」亦作「中謝」，古「射」、「謝」二字通用。吕氏春秋去宥篇：荆「有中謝佐制者」，高誘注：「中謝，官名。」史記張儀傳後陳軫舉「中謝」對楚王，索隱云：中謝，「蓋謂侍御之官」。然則「中」與中書、侍中等同義。而注韓非子者乃云「官有上、中、下」。案諸書竝不見有上射、下射之文，蓋臆説也。

懷尉

韓非子六微篇：「靖郭君相齊，與故人久語，則故人富；懷左右尉，則左右重。久語、懷尉，小資也，猶以成富，況於吏勢乎！」「懷尉」不知何解。後讀北齊書顔之推傳有所作觀我生賦，中有云「祇夜語之見忌，寧懷尉之足恃」，正用此事，則此「尉」字乃「尉」字形近而譌。攷説文，「尉」本作「㷉」，云「拭也」。蓋巾帨之類可用以拭者，因即謂之㷉耳，故可以言懷。惟「久語」與「夜語」兩皆可通，不知何者爲是。

覺有校義

「覺」有與「校」音義竝同者。詩定之方中正義引鄭志云：「今就校人職，相覺甚異。」趙岐注孟子中也養不中章：「如此賢不肖相覺，何能分寸？」又富歲子弟多賴章：「聖人亦人也，其相覺者，以心知耳。」續漢書律志中：「至元和二年，太初失天益遠，日、月宿度相覺浸多。」晉書傅玄傳：「古以步百爲畝，今以二百四十步爲畝，所覺過倍。」宋書天文志：「斗二十一，井二十五，南北相覺四十八度。」凡此，皆以「覺」爲「校」也。後人有不得其義而致疑者，更或輒改他字，故爲詳證之。

卿

晉人相呼以「卿」，但施之於自敵以下少長相習者則可，非可施於所尊及汎交也。晉王衍不與庾敳交，而敳卿之不置。衍曰：「君不得爲爾。」敳曰：「卿自君我，我自卿卿。

我自用我家法，卿自用卿家法。」歎荅自附於交友也。又劉卞少爲縣小吏，及貴，除并州刺史。昔同時爲須昌小吏者十餘人，祖餞之，其一人卿卞，卞遣扶出，人以此少之。今本晉書誤作「輕卞」，以鄭樵通志證之，是「卿」字，此不可施於所尊也。夫婦雖敵體，而婦不可以卿夫，故王安豐婦常卿安豐，安豐謂其婦曰卿不得爾。然則「卿」之稱，蓋亦爾、汝之比也。

子思哭嫂

禮記檀弓云：「子思之哭嫂也，爲位。」後人因此一言，遂謂伯魚先有一子，子思乃其支子。至元吴氏澂，又因子上不喪出母，而創爲奪宗之論。謂子思兄死時，子思使其子續伯父主祖與曾祖之祭。既主尊者之祭，則不敢服私親也。此論殊鑿空無據。禮：大宗無子，則當爲之立後。若子上爲伯父後，則於所生父母亦當降服，何止於不服出母乎？今吴不云立後，而但云主曾祖與祖之祭。夫越禰而直繼其曾祖、祖，古有斯禮乎？使子上爲世父後，則子思不當云「爲伋也妻者，爲白也母」矣！近慈谿姜氏宸英有辨，極明。余案孔叢云自叔梁紇至子順，「一世相承，以至九世」。孔子雖有兄伯皮，而未聞使子思主叔梁紇之祭，何子思乃爲此創舉乎？況檀弓所云子思，亦未定是孔子思，原憲亦字子思，安得展轉爲之牽强附會耶！

⿰匊刂

楚辭九歌湘夫人云："⿰匊刂芳椒兮成堂。"洪興祖云："⿰匊刂，古播字，本作冞。"文弨案，字書不見有"冞"字，似當作"丑"。从丑，象舉手之形。四點，米之象也。漢幽州刺史朱君碑"丑芳馨魏"，横海將軍吕君碑"遂丑聲兮方表"，皆即"播"字。至"⿰匊刂"字，見説文，"菊"、"鞠"等字从之。裴松之注魏志劉廙傳引廙謝劉表牋稱"考⿰匊刂過家，分遇榮授之顯"，又云"考⿰匊刂之愛已衰"。"⿰匊刂"疑是廙父名，未審當作何音。若與楚辭同作"播"讀，字亦别也；若"冞"字，必出於傳寫之譌耳。

兒郎偉

上梁詩有"兒郎偉"，用之以齊衆力，如邪、許之類耳。今凡拽重、打樁勞力之事，俗亦成口號，而於句末齊聲和之，猶此意也。樓攻媿求其説云：兒郎偉，舊不曉其義，或以爲唯諾之唯，或以爲奇偉之偉，皆所未安。在敕局時，見元豐中獲盗元案不改俗語，有云"你懣"者。懣本音悶，俗音門，猶言輩也。獨秦州李德一案，云："自家偉，不如今夜去。"余啞然笑曰："得之矣！"所謂兒郎偉，猶言兒郎懣，蓋呼而告之。此關中方言，唐都長安循襲用之。今文中有云用相兒郎之偉者，殆誤矣。以上皆樓氏説。余竊以爲不然。蓋用力猛者，慮血脈有奔騰僨鬱之患，故爲歌句以宣暢之，且以節其力，使暫息，待歌畢而復作之。有其聲，固不必定求其義，以爲吉語亦可。此三字多置詩句之下，唯朱子作同安縣學經史閣上梁文用之於每詩句之首，豈亦如攻媿説歟？且如詩句皆有助詞，如竹枝「女兒」、「舉棹」、「年少」之類，亦用之於動作者。更推而上之，古樂府亦多襯句。迨今乞兒之唱蓮花者亦然，似猶不失古意。

米纜

米纜蓋如今之挂麪。挂麪屑麥而乾之，此則用米爲之耳。見樓攻媿詩，云：「江西誰將米作纜，捲送銀絲光可鑑。」又云：「如來螺髻一毛拔，卷然如蠆都人髮。新弦未上尚盤盤，獨繭長繅猶軋軋。」可謂極體物之工矣。「米纜」二字甚新，不知是土俗所名，抑有來歷也。

潘岳挾彈盈果

晉書岳傳云：「岳美姿儀，少時常挾彈出洛陽道，婦人遇之者，皆連手縈繞，投之以果，滿車而歸。」此蓋岳小年時，婦人愛其秀異，縈手贈果。今人亦何嘗無此風？要必非成童以上也，婦人亦不定是少艾，在大道上亦斷不頓起他念，至岳更無用以此爲譏議。乃史臣作論，以「挾彈盈果」與「望塵趨貴」相提竝論，無乃不倫。

蔆蕨攗當作蕨攈

錢曉徵以爾雅釋艸「蔆，蕨攈」、釋文攈音「亾悲反」而兼載孫炎居郡、居羣二切。攷說文無「攗」字，當用孫音而作「攈」字。凡艸木之名多取雙聲，「薢茩」、「芵茪」、「薡蕫」、「銚弋」之類皆然，「蕨攈」亦雙聲也。說文、廣雅皆以「薢茩」與「蔆芰」爲一物，惟爾雅分爲二條。竊意「芵茪」與「蕨攈」聲本相近，四字皆見母。「薢茩」、「芵茪」、「蔆」、「蕨攈」當是一物而四名。郭亦知「蔆」有「薢茩」之稱，特以與「蔆」文不聯屬，遂以「决明」當之，其實當依說文、廣雅作釋爲是。

二名不偏諱

記曲禮云「二名不偏諱」，今人頗有作「不偏諱」者。余每以其誤，輒爲正之，今乃知彼亦有所本。相臺岳氏有刊正九經三傳沿革例，中有云：「『二名不偏諱』，偏合作徧。疏曰：『不偏諱者，謂兩字作名，不一一諱之也。』案舊杭本柳文載子厚除監察御史，以祖名察躬辭，奉勅二名不遍諱，不合辭。據此作遍字是。舊禮作偏字明矣。」此皆岳氏珂所説，余以爲不然。若如其説二名不偏諱，則必專指定一字諱，一字不必諱，始得謂之不偏諱。今以孔子「言徵不言在，言在不言徵」攷之，則二字皆在所諱中，但偏舉其一則不諱耳。岳氏唯據柳文，何不攷韓文所引？固是偏諱明甚。安知柳文非俗本傳寫之失？抑或當時宣勅者失攷之過？未足依據。偏字義圓，徧字義滯，細體會之自見。

唐文宗年號大和

以太和紀年者，東晉帝奕、後魏孝文及趙石勒皆同，唯唐文宗則年號是大和而非太和。元時所刻新唐書尚不誤，今各書中多誤作太和。可取證者莫如當時之碑版，然下一截人手所易到者，亦往往爲人戲鑿一點。究其痕迹宛然，一覽易辨。而年號之在高處者，尚明明是大和。即今各書中，亦閒有不誤者，而閲者輒輕易舉筆加一點於中間，久久遂無有能别白者矣。

⿱殸禾當作⿱㱿禾即穀字

「穀」亦作「⿱㱿禾」字，小變耳，實一字也。今書中往往誤作「⿱殸禾」。風俗通皇霸篇「神農悉地力，種⿱殸禾疏」，論衡偶會篇、高誘注呂氏春秋九月紀皆作此字。齊民要術第十卷引山海經見海内經。曰「廣都今山海經作「都廣」，後漢書張衡傳注引此正作「廣都」。之野，百⿱殸禾自生」，楊用修謂今本山海經誤改作「穀」。案「穀」乃正字，不可謂誤。「⿱殸禾」字篇海下从禾作⿱殸禾，从禾是也；而上亦非从殸，當本作㱿。則「⿱㱿禾」與「穀」筆畫竝無增減，止禾字在左旁者多，遂覺禾居中者爲變體。其从殸者，又後來轉寫之失，乃成俗字耳。今人作五穀字，亦往往誤从木，與「楮」、「榖」字相混，則「⿱殸禾」之誤爲「⿱殸禾」亦正相類。

諫有閒義

顔氏家訓音辭篇云「古今言語，時俗不同；著述之人，楚、夏各異」，中引「穆天子傳音諫爲閒」一條。今本穆天子傳三却作「道里悠遠，山川閒之」，郭璞注「閒音諫」，與顔氏不同。段若膺云：「案顔語，知本是『山川諫之』。郭讀諫爲閒，用漢人易字之例，而後義可通也。後人援注以改正文，又援正文以改注，而『閒音諫』之云乃成弔詭矣。若山海經郭傳亦作『山川閒之』，則自用其説也。」文弨讀韓非子内儲説下六微云：「文王資費仲而遊於紂之旁，令之諫紂而亂其心。」淩瀛初本獨改「諫」爲「閒」，不知此亦讀「諫」爲「閒」，正與穆天子傳一例。意林引風俗通：「陳平諫楚千金。」太平御覽三百四十六引零陵先賢傳劉備謂劉璋將楊懷曰：「女小子，何敢諫我兄弟之好？」亦皆以「諫」爲「閒」。

魯與虜通用

史記五子胥傳：「遂滅鄒，魯其君以歸。」鄒即邾也，魯其君，虜鄒君也，「魯」與「虜」古通用。後人不知，以鄒、魯爲二國，而「其」字不可通，乃改爲「之」字，謬甚。白虎通王者不臣篇引韓詩内傳云：「師臣者帝，友臣者王，臣臣者霸，魯臣者亾。」亦是以「魯」爲「虜」，言視其臣與奴虜等也。

内亂不與焉外患弗辟也

此雜記之文。近人如汪氏、魏氏皆疑「不與」之言爲不合於義，余以爲「不與」亦正非易事。孔子之許仲由、冉求不從弑父與君，此正是内亂不與之事。鄭子公欲弑靈公，與子家謀，子家始不從。反譖子家，子家懼而從之。君子曰：「仁而不武，無能達也。」此非與焉者乎！鄭康成注引魯季孫友以爲證。蓋始則力不能討，故姑爲隱忍；及秉國政，而始可以伸大義矣。石碏亦力不能討者，迨其隙有可乘而遂圖之，君子以爲純臣。晉欒書、中行偃執厲公，召士匄、韓厥，皆辭，亦但不與而已。至若曹之子臧、吴之季札，亦得引以爲比。又如白公作亂，欲立子閭，子閭不從而見殺。故吾謂内亂不與亦極難事，力能討則爲季友、石碏；不能討則爲子臧、季札；而子閭則尤其不幸者也。若之何其易視不與而以爲不合於義也？又如親屬燕報、骨肉相殘亦謂之内亂，爲之臣子既無由得言，且亦不必以身殉，亦唯有不與而已。若晉惠帝賈后之淫虐，當時有謀廢后者，未必合禮中也，善乎温羨之言曰：「皇后譖害其子，内難不預，禮非所任，安可以張華不能廢后而貶責之？」此明引禮記成文，可謂極合禮意。

洗犬棗

爾雅釋木：「遵，羊棗。洗，大棗。」唐以前本有以「大」爲「犬」者。丁希曾嘗爲吾言舊嘗見梁文紀中有以「河東洗犬、隴右蹲鴟」作偶句者，不知「洗犬」二字所出。問其父龍泓先生，先生即舉爾雅之文，謂白帖所集以「遵羊」、「洗犬」相對。家無白帖，可向唐類函中檢之，果如先生所言。案郭璞爾雅注：「今河東猗氏縣出大棗，子如雞卵。」是「大棗」

非「犬㚖」審矣。然㚖可名羊，安在其不可名犬？以此爲爾雅異文，夫何傷？丁名傳，杭人。龍泓先生名敬，曾應博學鴻詞徵。

相里造

唐杭州刺史相里君，志獨佚其名。余案獨孤常州集中有祭相里造文，云「舒州刺史獨孤及敬祭于河南少尹贈禮部侍郎相里公之靈。伊昔密薦可否，廷折兇佞，京師童兒，亦知公名。其後江人、杭人，頌德不暇；洛表耆老，徯公而蘇」云云，葢從江州移杭州，後終于河南少尹也。其名曰造，字曰公度。志所以佚其名者，因白香山冷泉記云「先是，領郡者有相里君造虛白亭」，「造」字下本有「作」字，後人疑「造」、「作」文複，徑刪去「作」字。今觀白記下云：「有韓僕射皋作候仙亭，有裴庶子棠棣作觀風亭，有盧給事元輔作見山亭，及右司郎中河南元藇最後作此亭。」後四君皆稱其名，白去相里君年代非甚遼邈，無緣舉世遂無有知其名者；且四君皆云作亭，不云造亭，造爲相里名，證之獨孤之文，尤瞭然也。舊杭郡志置之韓皋、盧元輔之後，云元和閒任，皆失之不考。

校

釋名其釋兵有云：「旛，幡也，其貌幡幡然也。校，號也，將帥號令之所在也。」案所謂「校」者，亦「旛」之類耳。漢書衛青傳：公孫敖「常護軍傅校獲王」。師古曰：「校者，營壘之稱。故謂軍之一部爲一校。或曰旛旗之名，非也。每軍一校，則別爲旛耳，不名校也。」以上皆顔氏注。今案旛校之説未可謂非。晉張景陽七命云：「叩鉦散校，舉麾旌獲。」李善注引漢書「大校獵」如淳曰：「合軍聚衆，有幡校也。」據如説，則「校」正「旛」類，故可散爲陳列而行。若營壘，安得言散？蓋軍屯各有旛旗以別之，故一屯之長亦名校。將校之稱蓋以此。執兵者即名之爲兵，主校者即名之爲校，事正相類。兵、校之名，人皆知之，而其所由以名者，則未必盡知之，故翻疑釋名之「校」或誤字耳。

事訓傳誰訓推

古書誤字，以形聲求之，猶有可攷而復者。釋名言語篇：「事，傳也。傳，立也，凡所立之功也。故青、徐人言立曰傳也。」舊本「傳」竝誤作「偉」，以形求之，當作「傳」，與「事」音正相近。周禮天官大宰職：「六曰事典，以富邦國，以任百官。」鄭注云：「任，猶傳也。」陸德明云：「傳，側吏反。猶立也。」疏云：「東齊人物，立地中爲傳。」案史記張耳傳「莫敢傳刃公之腹中」，正義云：「東方人以物臿地中爲傳。」漢書作「剚」。又管子輕重甲篇「仰傳戟之室」，又曰「春有以傳耜」，義皆相近。以爲青、徐人語，信有徵矣。又一條云：「誰，推也。有推擇，言不能一也。」舊本「推」竝作「相」，亦因形相近致誤。莊子天運篇：「子生五月而能言，不至乎孩而始誰。」郭象注：「誰者，别人之意也。」文選載潘岳籍田賦：「靡誰督而常勤，莫之課而自厲。」李善注引説文：「誰，何也。」攷晉書岳傳「誰督」作「推督」，則二字義得相通明矣。史記淮陰侯傳：「始爲布衣時，貧無行，不得推擇爲吏。」蓋推擇必於衆人之中，故云「不能一」。且「誰」亦有推問之義，作「推」無可疑者。

鍾山札記卷四

倉浪

「倉浪」，青色，在竹曰「蒼筤」，在水曰「滄浪」。古詞東門行「上用倉浪天」，天之色正青也，豔歌何嘗行「上慚滄浪之天」，俱見晉、宋書樂志。又吕氏春秋審時篇：麥「後時者，弱苗而穗蒼狼」，亦言其青色。「蒼」、「倉」、「滄」三字竝通用，非謂天之色如水，以滄浪相比況也。文選塘上行劉熙注「滄浪之水清兮」：「滄浪，水色也。」宋蘇子美於吴下作滄浪亭。避暑録話謂滄浪地名，非水名，不當以名亭。葢失於不考。

范氏

孟子「吾爲之範我馳驅」，古本作「范氏馳驅」。宋書樂志四君馬篇：「願爲范氏驅，雝容步中畿。豈效詭遇子，馳騁趣危機。」正用此。孫宣公孟子音義云：「範我或作范氏。范氏，古善御者。」案文選東都賦「范氏施御」李善注引括地圖曰：「夏德盛，二龍降之。禹使范氏御之，以行經南方。」

掌固

「固」本與「故」通，「掌故」亦可作「掌固」。攷唐六典尚書省有掌固十四人，下即引史記「文學掌固」爲注云：「掌故，主故事也。史、漢本亦爲此『固』字。」與周禮夏官之「掌固」，其職自殊。鮑明遠集中有論國制啓云：「彭城國舊制，猶有數卷」，「宜令掌固刊而撰之」。又李善注文選兩都賦序引漢書「孔安國射策爲掌固」，後來刻六臣注者便改爲「掌故」矣。周語「咨於故實」，史記魯世家作「固實」，徐廣曰：「固，一作故。」

田禄

宋書良吏阮長之傳：「時郡縣田禄，芒種爲斷。此前去官者，則一年秋禄皆入後人。」「長之去武昌郡，代人未至，以芒種前一日解印綬。」史蓋稱長之之廉也。代人未至，若可小需過芒種後，則一年秩禄歸之己矣。而長之欲讓後人，故於前一日亟解印綬去官。蓋芒種前田功尚淺，其去收穫之時尚遥，故秩禄不歸之前人也。今本乃作「此前去官者，則一年秩禄皆入前人；此後去官者，則一年秩禄皆入後人」，又以長之在芒種後一日去官，謬之甚矣。元嘉末始改此科，計月分禄，長之則在元嘉初也。考晉書職官志：「立夏後不及田者，食奉一年。」此則可無偏枯之患。宋元嘉以前或未用此制也。

噲與快同

詩小雅斯干「噲噲其正」，傳及箋皆以「快」釋「噲」。案淮南精神訓「噲然得卧」，宋書樂志四吴鼓吹曲「覽往以察今，我皇多噲事」。是「噲」與「快」同。

夏姬三爲王后

史通引列女傳云：「夏姬再爲夫人，三爲王后。」夫爲夫人則難以驗也；三爲王后，則於周、楚皆無所處，以是爲譏。余今考列女傳云「蓋老而復壯者三」當句絶，郭璞山海經圖讚云：「夏姬是豔，厥媚三還。」諺亦云：「夏姬得道，雞皮三少。」其下云：「爲王后，七爲夫人。」余謂「爲王后」上當有「一」字。左氏雖未言曾入楚宫，而列女傳則言莊王納巫臣之諫，「使壞後垣而出之」，則固曾入楚宫矣，是非「一爲王后」乎？至言「七爲夫人」，若以國君言，誠無可考；或劉向因後世卿大夫妻通稱夫人而以之例前代，并淫亂者數之，固有七矣。若史通云「再爲夫人」，則前御叔、後巫臣，更爲灼然，似作「再」字爲是。

書塗泥傳

禹貢揚州「厥土惟塗泥」，孔傳云：「地泉濕。」「濕」字誤。塗泥何必以濕字爲訓？考古本是「地泉温」，蓋惟温，故凍固不密，而常見其沮洳耳。「温」與「濕」字形近，故致譌。且「濕」本不作「溼」字解。

唐人稱勝國爲大隨

唐人爲五經正義，至永徽始表上。今觀尚書舜典吕刑中言及於隨，尚稱爲大隨，猶有周詩稱大商、周書稱大邑商之遺意。即或本前人元文而不加刊削，不以爲嫌。當時風氣亦尚近古。「隨」本國號，後或省作「隋」，二字往往互用。如春秋時之隨，諸子書中閒亦有作「隋」者。有謂文帝因周、齊之閒，不遑寧處，故省辵者。斯言未足據也。

巙巙

元史有巙巙，字子山，康里人，賢臣也，書法亦爲世所重。其署名亦或作「猱」字，猶米元章名「芾」，亦時署爲「黻」，以二字本同也。「巙」从夒，猱之本字，音乃刀反，巙音亦同。

今人誤書從夔龍之「夔」，讀亦因之而誤，字書竝未有此字也。譯者不考，又以助語足之，去之彌遠矣。

衆維魚矣

余友丁希曾解詩「衆維魚矣」謂：「『衆』乃『螽』字之省，説文作『蝝』，與『螽』同。左氏、穀梁春秋經桓五年『螽』，公羊經作『蝝』。蝝實蝗類。凡池湖陂澤中魚噃子皆近岸傍淺水處，若遇歲旱，水不能復其故處，土爲風日所燥，魚子蠕蠕而出，即變爲蝗蟲以害苗。自大河以北，土人皆知之。今蝝不爲蝗而爲魚，故以爲豐年之徵。」余案此説昔人未曾道過，而實確不可易。如「旐維旟矣」，「旐」、「旟」相爲類而小異耳，一則人少，一則人多，故占爲「室家溱溱」，義順而詞顯。若云衆人化而爲魚，則太怪甚矣。雖夢境迷離，無有定象，而其占爲豐年，雖曲爲之解，終不似旐旟之占，人人皆可領會。今釋爲「蝝」，則事皆目驗，義竝貫通，且證之公羊、説文而皆合，信可以釋千古之疑矣。

摸索

今俗語有「摸索」。案淮南俶真訓「以摸蘇牽連」，高誘注：「摸蘇，猶摸索。」葢

「蘇」、「索」一聲之轉，重讀則爲「索」耳。亦與「挼莎」、「摩挲」相近。詩葛覃「薄污我私」，箋云：「汙，煩撋之。」釋文云：「猶挼莎也。挼音諾何切。」又周禮司尊彝「鬱齊獻酒」，鄭注：「獻讀爲摩莎之莎。」釋名姿容篇：「摩娑，猶末殺也，手上下之言也。」「摸索」正是以手上下，此可見其義竝同「末殺」，與漢書谷永傳之「末殺災異」語自别，此「末殺」其語音亦正同「摸索」耳。

汋同液

字書未有言「汋」同「液」者，劉熙釋名則往往以「汋」爲「液」。釋形體云：「汋，澤也，有潤澤也。」上是津，下是汗，其爲液也明矣。釋飲食又云：「吮，循也。不絕口，稍引滋汋，循咽而下也。」「滋汋」亦即「滋液」。

茵馮

漢書酷吏周陽由傳：「汲黯爲忮，司馬安之文惡，俱在二千石列，同車未嘗敢均茵馮。」師古注：「茵，車中蓐也。馮，車中所馮者也。」「讀曰凭。」余案釋名云：「文鞇，車中所坐者也。」「𩊱，伏也，在前，人所伏也。」是則「馮」之與「𩊱」皆謂軾耳。竊以爲「馮」亦當如字讀，與「鞦」正一聲之轉，韻書亦未以「茵馮」收入蒸韻。

衛戴公文公即位年月

以詩、左傳并毛、鄭、服、杜注及孔氏正義合考之，知衛戴公實以魯閔公二年十二月立，立而旋卒，文公即繼立，踰年改元，是年爲魯僖公之元年，皆較然無可疑者。證以史記十二諸侯年表衛懿公之九年即戴公之元年，明年爲文公元年，凡在位二十五年，適相合也。當狄之入衛也，衛之君臣皆盡，無復文告其卒、其立；即告，亦必不能如期。許穆夫人之賦載馳，蓋但聞戴公之立而不聞其卒也，其謂是詩作於魯僖之元年，是也。謂必作於元年之六月，以「我行其野，芃芃其麥」二語爲之證，以爲戴公是時尚在，則非也。夫麥以秋種，在周之十二月已有苗矣，芃芃之盛，苗亦可以當之，不必定指其秀其實，詩不云「芃芃黍苗」乎？然則是詩之作必在正月、二月閒，其去狄入衛之時不甚遠，故但聞戴公之立，不聞戴公之卒，自屬事理所有，不可即據是以爲戴公無恙之證。齊之去衛，與許之去衛更遠矣。聞戴公之在漕邑，命公子無虧帥車三百乘、甲士三千人以戍漕，更非旦夕可辦之事，亦必在魯僖之元年。然亦不可據是以爲戴公尚在也。左傳云：「文公爲衛之多難也，先適齊。及敗，宋桓公逆諸河，宵濟。」杜注謂「逆諸河」者，「迎衛敗衆」。此則杜氏之誤也。夫逆之爲言，不可施於卑賤之徒衆，蓋此所逆者即文公也。夫許穆夫人以一女子尚知閔宗國之顛覆，欲馳驅以歸唁；曾謂文公賢者，反安坐於齊，不亟奔赴於新君之所以共紓國難乎？即以左氏文義求之，上云「爲衞之多難」，下云「及敗」，語意正相承接。若夫石、甯二守之出也，狄入衞，遂從之，又敗諸河。此時衞之敗衆能渡河者已早自渡河矣，否亦奔迸四方矣，焉有徘徊河上不畏狄人之殲，而忍死以待宋桓之逆乎？然則文公既隨戴公在漕，戴公旋没，而國人即推文公繼之，故左氏遂敘文公之事於魯閔二年之末。服虔云：「戴公卒在於此年。」杜預云：「衞文公以此年冬立。」服、杜之注，明白如此，不可目爲無稽之説也。今人之所以致疑者，以戴公之無元年而稱元年耳。夫戴公亦欲踰年改元者，然而其身已不及待矣。其臣子閔其經營再造於艱難危苦之會，而不忍使從未成君之例，於是即以懿公之九年爲戴公之元年。此朱子綱目之例，而不謂古之人已有行之者，政可見人情之不甚相遠也。至於「戴」之爲謚，雖見於周書之謚法，在當日，亦必以爲國人翼戴之故而遂稱之。即以懿公之爲「懿」也，名亦浮其實矣。要皆無暇集衆定議，告於廟而後宣播者也。且衞之後世，如輒之出奔也，且有孝公之謚矣，寧能盡拘常典也乎？故夫十數日之君之有謚也，以前君之年爲其年也，皆變禮也，舉不足致疑。孔氏詩正義云：「以衞既滅而立，不繫於先君。」此論誠然。然使戴公得以踰年，亦必不奪懿公之一年爲其年。唯其旋立旋卒，而臣下又不忍没之，故不得已而與懿公共此一年耳。戴公固未嘗當年改元也。若文公之立之亦在漕也，且斷然爲魯閔二年之十二月也，於詩尤有明證。夫定之方中，美衛文公作也，其次章曰：「升彼虛矣，以望楚矣。望楚與堂，景山與京。降觀于桑，卜云其吉，終然允臧。」皆文公即位後之事也。毛傳云：「虛，漕虛也。」明文公初立亦在漕也。其自齊而至漕也，左氏有明文矣。由其立於魯閔二年之冬，故凡相地、卜吉，告於齊，齊爲之合諸侯，俱於魯僖元年中得以次第爲之。春秋於僖二年之正月即書「城楚丘」，傳以魯後往，故云「不書所會，後也」。然則諸侯之會而城也，更在二年正月之前矣。夫城必計徒庸、慮財用，非一二日而可集，若以文公立在僖元年之冬，其能神速如此乎？鄭箋云：「定星昏而正，謂小雪時。」然則楚宫、楚室之作，與城必同時而俱舉。有宫室始可遷，二年遷於楚丘，則所謂「定之方中」者，必在於元年之冬明甚。敬王時城成周，以八月告晉，十一月晉合諸侯，踰年正月始賦功，始末計歷二時。楚丘之城，約略亦正相似。故毛氏、鄭氏、服氏、杜氏、孔氏皆當世大儒，其於詩、左氏傳未有不反覆參證而始決者，後之人亦不必復置異論於其閒矣。

師子吼

蘇東坡戲陳季常詩：「忽聞河東師子吼，拄杖落手心茫然。」相傳季常之妻柳氏頗妒，然與其良人皆篤好釋典。故蘇之意雖主於斬，而所謂「師子吼」者實用禪門語，竝未嘗斥言其隱也。偶閲内典佛説長者女菴提遮師子吼了義經云：舍衛國城西，有一村名曰長提。有一婆羅門，名婆私膩迦。有女，名菴提遮。佛告舍利弗：是女非凡，已值無量諸佛，常能説如是師子吼了義經。蓋「師子吼」雖佛家常語，而此則女人事，用來尤切。注家但引杜詩證河東之爲柳是已，而此尚失援引。今人率以「河東師子」作見成語，不知四字本不相連也。

騫與騫音義别

廣韻「騫」在二仙，訓「虧少。一曰馬腹縶。亦姓」；「騫」在二十二元，「飛舉皃」。兩字音義各别。近代韻書乃於「騫」下亦有飛舉一訓，大誤。今人詩中多沿其失。或舉正之，率引少陵寄賈嚴長律以自解，其詩落句云「如公盡雄俊，志在必騰騫」，亦在先韻中用「騫」字。吾謂此句必出庸手所妄改，二公在遷謫中，而曰「志在必騰騫」，强作此無聊頌禱語以相媚悦，其言鄙陋，實應酬之下者，何可以誣少陵？別本作「何事負陶甄」，此則是也。蓋不勝其咨嗟惋惜之情焉。豈若贋本之率直少致乎！近代韻書雖於「騫」字下闌入飛舉一訓，而尚未敢遽增一「鶱」字於先韻中。曾謂律細如杜，而詩中既用「張騫」，又用「騰鶱」，自我作古，如是之甚者乎？夔府詠懷百韻係先韻，則用「張騫」；贈蕭郎中用元韻，則有「風雅藹孤鶱」之句，其截然有辨如此。檢香山長律及宋人蘇長公詩皆無混用者。昌黎陸渾山火詩是元韻，其「視桃著花可小鶱」，字正當從鳥；上句云「藏蹲」，此云「小鶱」，騰舉之與潛藏正相爲對。而俗閒本乃反誤從馬，讀者愼勿爲俗本所惑可也。

騎衡

漢書爰盎傳：「臣聞千金之子不垂堂，百金之子不騎衡。」如淳曰：「騎，倚也。衡，樓殿邊欄楯也。」師古曰：「騎謂跨之，非倚也。」余謂師古之言殊不曉事。跨衡甚危，縱非百金之子，亦未有敢以身試者。此二句正言其過於愼耳。後見北齊書顔之推觀我生賦中正作「垂堂倚衡」，則知如淳之釋爲不謬矣。

氏與是同

漢書地理志：非子「至玄孫，氏爲莊公」。師古曰：「氏與是同，古通用字。」案大戴禮帝繫篇：「黄帝娶于西陵氏之子，謂之嫘祖。氏産青陽及昌意。」「昌意娶于蜀山氏之子，謂之昌濮。氏産顓頊。」上西陵氏、蜀山氏之氏，乃姓氏之「氏」；下氏産之「氏」，與「是」同。讀者不審，每以嫘祖氏、昌濮氏連讀，誤也。下云「氏産老童」、「氏産重黎及吴回」、「氏産六子」、「氏産后稷」、「氏産契」、「氏産文命」、「氏産啓」，皆以「氏産」連文。又云「昆吾者，衛氏也」云云，凡六「氏」字亦同「是」。又云：「帝堯娶于散宜氏之子，謂之女皇氏。帝舜娶于帝堯之子，謂之女匽氏。」「女皇」、「女匽」下不當有「氏」字，由前以嫘祖氏、昌濮氏誤讀，因謬加之。高郵王懷祖删此二「氏」字，是也。余因疑「是爲黄帝」、「是爲帝嚳」等「是」字同在一篇之中，亦必本作「氏」字，後人妄以己見改之；下以誤連讀之故，斯其所以不併改耳。至「氏」、「是」通用，禮注、漢書多有之，此不備舉也。王名念孫，今爲侍御史。

賜有盡義

古咄唶歌：「棗下何纂纂，亦作「攢攢」。榮華各有時。棗欲初赤時，人從四邊來。棗適今日賜，誰當仰視之？」北海馮氏古詩紀本於「賜」下注一「疑」字。案李善注潘岳西征賦「超長懷以遐念，若循環之無賜」引方言：「賜，盡也。」攷方言云：「鋌、賜、撲、澌，皆盡也。」「澌」亦作「斯」。詩大雅皇矣「王赫斯怒」，鄭箋：「斯，盡也。」釋文云：斯，「毛如字」。「鄭音賜，盡也。」又新唐書李密傳「敖庾之藏，有時而賜」，今本作「儩」字，别，「賜」乃正字。「斯」與「澌」訓盡者，皆當讀爲「賜」。

説文謚非本文

今本説文：「謚，行之迹也。从言、兮、皿。闕。徐鍇曰：『兮，聲也。』」「謚，笑皃。从言，益聲。」玉篇於「謚」下增一「論」字，云「同上」，餘竝同今説文。余向於累行之字皆从兮从皿，又證以玉篇，以爲真説文之舊矣。段若膺教我曰：「五經文字『謚』、『論』二字音常利反：『上説文，下字林。』字林以謚爲笑聲，音呼益反。今用上字。』據此，説文作『謚』，竝不从兮从皿；即字林以『論』代『謚』，亦未嘗增一从兮从皿之字。此出近世所改，从兮从皿，實無義。」余以其言爲然，從之。乃戴侗六書故則謂五經文字當列「諡」、「謚」二字，不當混「謚」爲「諡」。說文別以「謚」爲笑聲，今說文是「皃」。字林因之。而五經文字云字林以「謚」爲笑聲，是見後不見前也。余以其說攷之，知說文「謚」笑皃一訓，必係後人所竄入。既改「謚」爲「諡」矣，而「謚」字獨闕，遂取字林所云「謚，笑聲」者而竄入之，且改「笑聲」爲「笑皃」，更非是。而其字又殿言部之末，居「諜」、「該」、「譯」、「訄」之後，殊爲不倫。徐鉉本「謚」下尚有「譶」字，徐鍇本則「譶」在「譯」之後，又間以「謗」、「讒」二字，而以「訄」、「謚」終焉。夫使說文果訓「謚」爲笑聲，則亦當置在前，與「訢」、「說」、「諧」、「詒」等爲類，而不當脱在部之最末。況以言部所配合之字求之，俱極渾成，今離言而作盆，此何字也！兮即爲聲，皿有何義？夫「謚」曰累行，其字必當从益。大行受大名，細行受細名，益者加也，所謂累行是也。爾雅釋詁「謚」、「溢」皆訓爲靜。宋本釋文作「謚」字，不誤，通志堂本始改從兮、皿。即毛氏爾雅注疏本始亦从益，後乃改從兮、皿，剜改之痕宛然。且如「溢」者，「行之慎也」；釋詁疏引舍人語。「謚」者，「行之迹也」，事正相類。況益何嘗非聲，而必兮始可得聲乎？然則玉篇之作「諡」，亦出後人所亂，不可信也。黄氏韻會雖已在後人變亂之後，而猶大書作「謚」，注中云「本作諡，从言兮聲，皿。闕」，蓋由俗本相沿致疑，不能定也。於「誺」字下云「謚也」，倘說文果作兮、皿，黄氏何不竟依之而轉作从益之字乎？故余參攷衆書，深以段氏之説爲確不可易也。「醢」之作「醓」，亦後人所改。

史漢目録

史記、漢書書前之有目録，自有版本以來即有之，爲便於檢閲耳。然於二史之本旨，所失多矣。夫太史公自序即史記之目録也；班固之敍傳即漢書之目録也。乃後人以其艱於尋求，而復爲之條列，以繫於首。後人又誤認書前之目録，即以爲作者所自定，致有據之妄訾謷本書者。夫孟荀列傳以兩大儒總括之，何嘗齒淳于髡、慎到、騶奭於其列哉！貨殖等傳以事名篇，與八書差相類，固未嘗一一標姓名也。乃譏漢書者謂范蠡、子貢、白圭非漢人而入漢書，以爲失於限斷。其實班氏何嘗爲范蠡諸人立傳！即彼蜀卓、宛孔閭里猥瑣之流，亦豈屑屑爲之標目，與夫因人立傳者同哉！明毛氏梓史記集解、葛氏梓漢書正文，其前即據自序、敍傳爲目録，亦爲便於觀者，而尚不失其舊，在諸本中爲最善矣。

古書目録往往置於末，如淮南之要略、法言之十三篇序此據李軌注本，近刻五家注者皆移於當篇首矣。皆然。吾以爲易之序卦傳非即六十四卦之目録歟？史、漢諸序殆昉於此。宋刻荀子篇目與劉向之奏皆在末，宋人所撰集韻亦以其目置於尾，依古法也。

史漢合傳

史、漢數人合傳，自成一篇。文字雖閒有可分析者，實不盡然。蓋數人同一事，彼此互見，自無重複之弊。自范書以下，雖有合傳之名，實皆專傳之體，致有一事而再三見者，文繁志寡，由其不講史法故也。即如史記廉藺列傳，首敘廉頗事；無幾，即入藺相如，事獨多；而後及二人之交驩，又閒以趙奢；末復以頗之事終之。此必不可分也。漢書張周趙任申屠傳皆爲御史大夫者，始敘張蒼，次周昌、趙堯、任敖，其後蒼復爲御史大夫遷丞相，則又詳敘其始末，乃終之以申屠嘉。此一本史記之舊。唯申屠爲可分，餘皆不可分也。後世史成於衆人，若删彼傳以入此傳，則有欲掩其名之嫌，以故史、漢之法不可復覩耳。

列傳中人有不妨再見者

傳已見之人，有因事而再見者。如淳于髡之附孟荀傳也，以諸子故略見也，至滑稽傳始詳矣；夏侯勝有專傳，而儒林傳中衆經師傳授之次第亦不得獨遺之；張放乃張湯孫，既附見湯傳，而佞幸傳又載之。知此，則如明之薛文清、王文成雖各有專傳，備詳事蹟，而於理學之宗派，亦當標舉之以爲倡導之首，固無嫌於複見也。

嶧山石刻

史記秦始皇本紀：「二十八年，始皇東行郡縣，上鄒嶧山。立石，與魯諸儒生議，刻石頌秦德，議封禪望祭山川之事。」案此似文有脱誤。嶧山刻石乃七篇中之第一篇也，史公必不特删此篇。疑此「上鄒嶧山」下即當云「刻石頌秦德」，便接以「其辭曰」云云，如後數篇之式；頌文之後，接以「與魯諸儒生議封禪望祭山川之事」；其「立石」二字與「議刻石」之「議」字皆衍文，刻石不須議也；并下「立石，封」之「石」字亦係誤衍，觀張晏、臣瓚之説可見本無「石」字。至諸頌皆四字爲句，凡「二十」皆當作「廿」，「三十」當作「卅」。其「親巡遠方黎民」，衍「方」字、「民」字，宋大觀中劉跂上泰山，見碑本作「親輈遠黎」也。其琅邪臺後一段「維秦王兼有天下」以下，乃頌後之跋，雖末亦作韻語，究不可聯頌爲一篇。雖古之箴銘贊頌不定限以四言，而此七篇自極整齊，疑之罘之「大矣哉」文頗不類；末句「請刻于石，表垂于常式」，亦當有一字誤衍。

二世刻石辭

「皇帝曰：『金石刻盡始皇帝所爲也。今襲號而金石刻辭不稱始皇帝，其於久遠也如後嗣爲之者，不稱成功盛德。』丞相臣斯、臣去疾、御史大夫臣德昧死言：『臣請具刻詔書刻石，因明白矣。臣昧死請。』制曰：『可。』」此即石旁所刻之辭也。上敘其事云：「盡刻始皇所立刻石，石旁著大臣從者名，以章先帝成功盛德焉。」此則備載其文，非兩事也。今石刻猶有可見者，信與此合。前後皆稱二世，此稱皇帝，其非别發端可見。趙明誠金石録云：「史云具刻詔書刻石，而碑作金石刻。」案今人所見殘碑，尚有「臣請具刻詔書金石刻，因明白矣」字，以校明誠之言，適相符合。又秦權近世尚有藏者，亦有此文。後世史傳中載賦頌章疏，亦先提數語，而下備載其文，葢彷此例。

議始皇廟文誤倒

二世令羣臣議尊始皇廟，羣臣言「古者天子七廟，諸侯五，大夫三，雖萬世世不軼毁。今始皇爲極廟」云云。案「雖萬世世不軼毁」自當在「今始皇爲極廟」之下，語方順。此理之極易見者，正不必拘守闕疑之義而憚爲之更易也。

奏罷更定

漢書禮樂志：「建始元年，丞相匡衡奏罷『鸞路龍鱗』，更定詩曰『涓選休成』。」「奏罷『黼繡周張』，更定詩曰『肅若舊典』。」案「奏罷」之云，不但爲改去舊文生義，乃明著其事之所由來也。夫樂歌義必有取，既無其事，則不當尚襲其文。衡所奏罷，詳於郊祀志中。此不著其事則不明，若詳著其事，又過於繁宂，於是各約以六字，此可見古人簡練之妙，詞省而指明。蓋事罷而辭自不得不罷，衡不必復奏罷舊辭，而舊辭亦不必皆謂之罷。此因明所以更定之故，乃爲此語耳。至更定之詩，向來茫不知置何處，今則已有解者，故不具論。

兩排讀法

古書兩重排列者，皆先將上一列順次排訖，而後始及於下一重。自後人誤以一上一下讀之，至改兩重爲一列，亦依今人所讀，而大失乎本來之次第矣。後漢書馬武傳後所載雲臺二十八將，昔人頗多致疑，薛季宣、王伯厚始從而正之，後人竝曉然於其故，今可不論。唯史記正義所載謚法解，亦本是兩重改爲一列，文多閒雜，亦當改正。但其中頗多譌脱，與逸周書亦不盡合，今雖分之，未能如雲臺之一轉移即是也。末三十餘謚，美惡雜糅，似爲後人所亂云。

民無能名曰神　一德不懈曰簡

靖民則法曰皇　平易不訾曰簡

德象天地曰帝
仁義所在曰王
立志周書作「制」。及衆曰公
執應八方曰侯
賞慶刑威曰君
從之成羣曰君
揚善賦簡曰聖
敬賓厚禮曰聖
照臨四方曰明
譖訴不行曰明
經緯天地曰文
道德博聞曰文
學勤好問曰文
慈惠愛民曰文
愍民惠禮曰文

尊賢貴義曰恭
敬事供上曰恭
尊賢敬讓曰恭
既過能改曰恭
執事堅固曰恭
愛民長弟曰恭
執禮御賓曰恭
芘親之闕曰恭
尊賢讓善曰恭
威儀悉備曰欽
大慮靜民曰定
純行不爽曰定
安民大慮曰定
安民法古曰定
辟地有德曰襄

賜民爵位曰文

綏柔士民曰德

諫爭不威曰德從武下移此。

剛强直理曰武

威彊敵德曰武

克定禍亂曰武

刑民克服曰武

夸志多窮曰武

安民立政曰成

淵源流通曰康

温柔好樂曰康

安樂撫民曰康

合民安樂曰康

布德執義曰穆

中情見貌曰穆

甲冑有勞曰襄

小心畏忌曰釐

質淵受諫曰釐

有罰而還曰釐

温柔聖賢譌。善曰懿

心能制義曰度

聰明叡哲「智」同。曰獻

知質有聖曰獻

五宗安之曰孝

慈惠愛親曰孝

秉德不回曰孝

協時肇享曰孝

執心克莊曰齊

資輔共就舊誤倒。曰齊

甄心動懼曰頃

容儀恭美曰昭

昭德有勞曰昭

聖聞周達曰昭

治而無眚曰平

執事有制曰平

布綱治紀曰平

由義而濟曰景

耆義大度曰景

布義行剛曰景

清白守節曰貞

大慮克就曰貞

不隱無屈曰貞

辟土服遠曰桓

克敬動綱目前編作「勤」。民曰桓

辟土兼國曰桓

敏以敬慎曰頃

柔德考安非。衆曰靖

恭己鮮言曰靖

寬樂令終曰靖

威德剛武曰圉

彌年壽考曰胡

保民耆艾曰胡

彊毅果敢曰剛舊脱此條，據周書補。

追補前過曰剛

猛以剛果曰威

猛以強果曰威

彊義執正曰威

治典不殺曰祁

大慮行節曰考「孝」非。

治民克盡曰使

能思辯衆曰元
行義説民曰元
始建國都曰元
主義行德曰元
聖善周聞曰宣
兵甲亟作曰莊
叡圉克服曰莊
勝敵志强曰莊
死於原野曰莊
屢征殺伐曰莊
武而不遂曰莊
柔質慈民曰惠
愛民好與曰惠
夙夜警戒曰敬
象方益平曰敬舊脱，逸周書有。

好和不爭曰安
道德純一曰思
大省兆民曰思
外内思索曰思
追悔前過曰思
行見中外曰愨
狀古述今曰譽
昭功寧民曰商
克殺秉政曰夷
安心好靜曰夷
執義揚善曰懷「德」譌。
慈仁短折曰懷
述義不克曰丁
有功安民曰烈
秉德遵業曰烈

合善典法曰敬

剛德克就曰肅

執心決斷曰肅

不生其國曰聲

愛民好治曰戴

典禮不愆曰戴

未家短折曰殤舊誤戴謚前，今移正。

短折不成曰殤

隱拂不成曰隱

不顯尸國曰隱舊有「見美堅長曰隱」一條，周書、綱目前編皆無之，義亦難曉，今削去。

官人應實曰知

肆行勞祀曰悼

年中早夭曰悼

恐懼從處曰悼

剛克爲伐曰翼

思慮深遠曰翼

外内貞復曰白

不勤成名曰靈

死而志成曰靈

死見神靈曰靈

亂而不損曰靈

好祭鬼神怪譌。曰靈

極知鬼神曰靈

殺戮無辜曰厲

愎佷遂過曰刺

不思忘愛曰刺

蚤孤短折曰哀

恭仁短折曰哀

好變動民曰躁

凶年無穀曰荒當作「穅」。

外内從亂曰荒

好樂怠政曰荒

在國遭憂曰愍

在國逢囏曰愍

禍亂方作曰愍

使民悲傷曰愍

貞心大度曰匡

德正應和曰莫

施勤無私曰類

思慮果遠曰趕「明」非。

嗇於賜與曰愛

危身奉上曰忠

好内怠政曰煬舊脱，據周書補。

好内遠禮曰煬

不悔前過曰戾

怙威肆行曰醜

壅遏不通曰幽

蚤孤鋪位曰幽

動祭亂常曰幽

柔質愛周書作「受」。諫曰慧

名實不爽曰質

温良好樂曰良

慈和徧服曰順

博文多能曰憲

滿志多窮曰惑

思慮不爽曰願「厚」非。

克威捷行曰魏

克威惠禮曰魏

教誨不倦曰長

去禮遠衆曰煬
内外賓服曰正
彰義掩過曰堅
怠政外交曰攜舊脱，據周書補。
好廉自克曰節
好更改舊曰易
愛民在刑曰克

肇敏行成曰直
疏遠繼位曰紹
華言無實曰夸
逆天虐民曰抗
名與實爽曰繆
擇善而從曰比下湯謚不應有，删之。

龍城札記

龍城札記目録

卷一

卷二

卷三

龍城札記，抱經先生掌教龍城時之所記也。先是，先生掌教鍾山，有鍾山札記四卷，嘗自序而刻之。先生嗜學，至老不衰，有所得輒隨手札記。即癸丑家居後，未嘗一日廢鉛槧也。此三卷則曾繕寫成篇，遂取刻之，與鍾山札記竝行焉。去年冬，先生訪友金陵，留止鍾山者旬餘。歸道毘陵，病終龍城書院。今刻是書，益增死生之感矣。嘉慶元年七月之望，海寧錢馥識。

龍城札記卷一

王肅解經故與鄭康成異

王肅不好鄭氏學。人之所見不同，亦何害？乃必有意與鄭乖，異甚。且不憚改經、改古人相傳之故訓以伸其所獨見，前人固已有覺之者。近武進臧玉林著經義雜記，摘辨尤多。其玄孫鏞堂從予學，爲予校毛詩釋文，多本其祖之說。而其自爲說，別白是非，亦甚明確。陳風衡門「泌之洋洋，可以樂飢」，毛傳有「樂道忘飢」之語，鄭箋作「療飢」，謂經文必本是「療」字，故鄭不云「樂」當爲「療」。正義云「定本作樂飢」，知孔穎達本所載經文亦必是「療飢」矣。唐石經初刻「樂」，後覺其誤，而改爲「療」。又證之文選王元長永明十一年策秀才文注，日本足利古本皆是「療飢」；韓詩外傳二引詩「可以療飢」，「療」與「療」一也。正義引王肅、孫毓皆云「可以樂道忘飢」。是傳中「樂道忘飢」乃肅所私撰，而孫毓從之。「樂飢」二字，本相連成文，今乃截「樂」字爲「樂道」，截「飢」字爲「忘飢」，毛公必不如是之支離也。又豳風東山「勿士行枚」，經文本作「行」，毛音「衡」，橫之於口中也。鄭就「行」字讀爲「銜」，義亦與毛無異。今箋則云「初無行陳銜枚之事」，「行」讀爲「杭」，亦肅所改。釋文於經但云「鄭音銜」，於箋始音「户剛反」，則鄭本不讀「行」爲「杭」明甚。「行枚」二字亦相連，今又破「行」爲「行陳」、「枚」爲「銜枚」，與「樂道忘飢」語極相似，甚不可通。乃以之誣毛、鄭，不亦異乎！

鞠躬鞠窮匑匔

論語「鞠躬如也」，鄉黨篇凡三見，舊皆以曲斂其身解之。夫信爲曲身，何必言如？以爲非曲身而有似乎曲身，此亦形容鮮當。案廣雅「匑匔，謹敬也」，曹憲匑音「丘六反」，匔音「丘弓反」，儀禮聘禮、禮記康成注引「孔子之執圭，鞠窮如也」，曹氏之音正與鄭注相合。是「鞠躬」當讀爲「鞠窮」，乃形容畏謹之狀，故可言如，不當因「躬」字而即訓爲身。今「匑」、「匔」二字，廣雅皆譌寫，世人以其不常見也，遂無有正之者，賴有曹氏之音猶可攷其本字。即儀禮注今亦多作「鞠躬」，亦賴有陸氏釋文、張淳辨誤尚皆作「鞠窮」。陸止載劉氏音弓，則非劉氏皆讀如「窮」本字可知矣。張云：爾雅云「鞠、究，窮也」，「鞠窮」蓋複語，非若蹴踖之謂乎？余未見張説，頗亦有此意。「鞠窮」、「蹴踖」皆雙聲，正相類。説文唯「匑」字訓曲脊，不云「匑躬」，亦不引論語。若「鞠」字實義，蹋鞠也、推窮也、養也、告也、盈也，竝未有曲也一訓。至史記魯世家「匔匔如畏然」，徐廣音爲窮窮，字少異，而義未嘗不相近也。論語此三句之下，一則曰「如不容」，一則曰「氣似不息」，一則曰「如不勝」，使上文是曲身，亦不用如此費詞覆解。或云攝齊升堂，鞠躬豈非曲身乎？余曰言攝齊則曲身自見，正不必復贅言曲身。且曲身乃實事，而云曲身如，更無此文法。同母爲雙聲。踧、踖竝精母，是雙聲。鞠，見母；窮，羣母，非雙聲。窮依劉氏音弓，同見母，乃雙聲。匔匔，曹音丘六、耶弓二反，同溪母，是雙聲。而謂與鄭注相合，則非也。錢馥識。

輗軏

包咸注論語云：「輗者，轅端橫木，以縛軶。」「軏者，轅端上曲鉤衡。」其說非也。戴東原云：軏，所以持衡者。軏亦作䡇。大車名輗。韓非子外儲說引墨子曰：「吾不如爲車輗者巧也。用咫尺之木，不費一朝之事，而引三十石之任。」案墨子魯問篇子墨子謂公輸子曰：「子之爲鵲，不如翟之爲車轄。須臾斲三寸之木，而引三十石之任。」與韓非所引不同。說文：「䡇，車轅耑持衡者。輗，大車轅耑持衡者。」案大車鬲以駕牛，小車衡以駕馬，其關鍵則名輗軏。輈轅所以引車，必施輗軏然後行。信之在人，亦交接相持之關鍵，故以輗軏爲喻。輈身上曲，上曲非別一物。大車之鬲即橫木，橫木即軶。包氏以踰丈之輈、六尺之鬲，而當咫尺之輗軏，疎矣。近儀徵阮氏元。作車制圖解，亦如戴說，而引伸之，云：「皇侃論語疏引鄭康成注曰：『輗穿轅端著之，軏因轅端著之。』鄭説本不誤。又案揚雄太玄經閑次三曰：『關無鍵，盜入門也。拔我輗軏，貴以信也。』此即子雲用論語之義。其曰拔則爲衡上之鍵可知，且與上關鍵同一義。此皆輗軏爲衡鬲鍵之證。」戴侗六書故曰：「轅端横木即衡也。輗乃持衡者。」其説亦不爲包氏所誤。

陽有賜音

爾雅釋詁：「台、朕、賚、卜、畀、陽，予也。」今本郭注云：「賚、卜、畀，皆賜與也。與，猶予也。」陸氏釋文：「陽，音賜。又如字。本或作賜。」近時本兩「賜」字皆作「暘」。夫「陽」、「暘」同一音，即是如字；且「陽」苟讀如字，則上「音暘」二字亦贅。此由後人疑「陽」與「賜」音不相近而妄改之耳。今幸宋本不誤，可正之。因知郭注必本是「賚、卜、畀、賜，皆與也」，故下即承云「與，猶予也」。以「陽」爲「賜」，以「予」爲「與」，皆即用漢人易字之法，如郭氏注穆天子傳以「諫」爲「閒」同是一例。此注下又云「因通其名」，始引魯詩「陽如之何」、「巴、濮之人自呼阿陽」，此則從如字讀。夫「予」字已見上條，陸云：「予、余，竝羊如反。」此則音羊汝反，然則此條正義實訓爲「取與」之「與」，通其名，亦可爲「予我」之「予」。讀者但見引魯詩以下，便止知如字一讀；言與「賜」同音義，則懵然。夫

「與」字非奧僻，何必連「賜」字成文而義始顯？且「君子曰賜，小人曰與」，二字亦微有別。觀下不兼承「賜」、「與」言，則「賜」本不在「皆」字下明甚。噫！古人之書爲後人憑臆肆改者多矣，孰從而一一正之乎！

魯公爲字禺人

禮記檀弓「禺人」，公爲之字也。説文：「爲，母猴也。」爾雅在寓屬，故以爲字。錢氏馥曰：「左昭二十九年傳：『公私喜於陽穀，而思於魯，曰：務人爲此禍也。』君父不應稱臣子字，當是名禺人而字爲爾。説文『禺，母猴屬』，『禺』、『務』音同假借。」愚案古人行文亦當有遷就之處。如曰「爲爲此禍也」，疊兩「爲」字，頗不清楚，想公當日亦以不順口之故而改稱其字，非傳家之修飾也。如北魏當曹魏未禪晉之時，而魏書即稱曹魏爲晉，此史家有意相避。後校者一一改正，是則是矣，而失其本意矣。

象恭滔天

堯謂共工「象恭滔天」，孔傳説甚牽强。後來釋書者皆未詳，或以爲脱誤，或以「滔天」爲衍文。唯當塗徐位山解曰：「竹書紀年帝堯『十九年，命共工治河』，『六十一年，命崇伯鯀治河』，則鯀未命以前四十一年中，治河者皆共工也。時帝問誰順予事，而驩兜美共工之僝功，帝謂其貌若恭順，而洪水仍致滔天。與下文『浩浩滔天』同一義。」文弨案徐解「滔天」甚切當。要之，此四十一年中亦未嘗全然無效，唯是治之不順其性，故時而底定，時而橫決。馴至於洪洞無涯，始謀易其人而任之。必非四十年皆滔天之日也。鯀障洪水，當時亦豈無小效？唯苟趣目前之計，而水仍不歸壑，故績用終於不成也。位山名文靖，雍正癸卯舉人，以鴻博經學徵。此說見所著管城碩記。

河水洋洋

漢書地理志引邶詩「河水洋洋」，師古曰：「今邶詩無此句。」余謂當作「泮泮」，從楚姓之芈音，與「瀰瀰」正同。此所引乃新臺之篇，正在邶詩，班氏定不誤。

月令太尉

月令本在周書，而諸儒爲吕不韋作春秋，以此散置於十二紀之首，此「春秋」之所由以名也。而説者遂疑爲秦制，此大不然。向與同年謝侍郎論及此，侍郎亦以爲宜還之周書。唯官名有太尉，周時未聞有此，仍不能不使人疑。然諸儒既爲不韋纂集，則以秦制改周官亦事所必有。故當時校逸周書付梓，謂太尉必本是司馬，爲秦人所改耳。今當去太尉，仍稱司馬，則完然爲周書矣。及觀當塗徐位山之説，即周亦安必無太尉，并月令正義所云不合周法之四證，亦一一辯明之。其言曰：「據魚豢典略：『古者兵獄官皆以尉爲名。』國語：晉悼公使祁奚爲元尉、鐸遏寇爲輿尉、奚午爲軍尉。管子：『管藏於里尉。』又襄二十一年左氏傳，欒盈曰：『將歸死于尉氏。』杜預曰：『尉氏，討姦之官。』正義曰：『周禮司寇之屬無尉氏之官。』又石氏星經：『紫微垣右樞第二星曰少尉。』尉既有少，則應有太矣。故中候握河紀云：『舜爲太尉。』河圖録運法云：『堯坐舟中與太尉舜觀鳳凰。』如尚書立政常伯、常任、凖人、牧夫，皆周禮所無，安見無太尉官耶？應劭以太尉爲周官者是也。季秋合諸侯，制百縣，爲來歲受朔日，此因大饗帝告廟而受朔也。若謂秦以十月建亥爲歲首，而季秋爲來歲受朔日，即是九月爲歲終，十月爲受朔，此時與周法不合。試問秦以十月爲來歲，即以十月爲來年，而孟冬祈來年於天宗，又以何者爲來年乎？季冬與大夫共飭國典、論時令，以待來歲之宜。若謂秦以十月爲來歲，即以季秋爲歲終，而季冬何以待來歲乎？史記：始皇『十二年，文信侯不韋死』。二十六年，秦初併天下，『改年，始朝賀，皆用十月朔』。則秦以十月爲歲首者，不韋死十四年矣，安得吕覽中預知十月爲歲首乎？至謂周郊天，服大裘，乘玉輅，而月令車旗服飾竝依時色，與周不合，亦非也。周禮玉輅以祀天；而郊特牲云『戴冕璪十二旒』，『乘素車』。周禮蒼璧禮天，牲從玉色；而祭法云『燔柴於泰壇』，『用騂犢』。又明堂位云：『周人黄馬，蕃鬣。』則素車、蒼璧、黄馬、騂犢之殊，安必不因時色乎？況乎方郡縣而云諸侯，方刑酷而云施惠，方坑儒而云選士，方焚書而云入學，吾知其有不然矣。」文弨案此論快甚，故全録之以釋後儒之疑。

僞尚書古文不可廢

尚書僞古文，東晉時始出，宋元以來疑者衆矣，近世諸儒攻之尤不遺餘力。然雖知其僞，而不可去也。善乎白田王氏之言曰：「東晉所上之書，疑爲王肅、束皙、皇甫謐輩所僞作。其時未經永嘉之亂，古書多在，採摭綴緝，無一字無所本。特其文氣緩弱，又辭意不相連屬，時事不相對值，有以識其非真。而古聖賢之格言大訓，往往在焉，有斷斷不可以廢者。」「至於姚方興之二十八字，昔人已明言其僞，直當黜之無疑。」案此爲持平之論，後人可不必更置喙矣。王氏名懋竑，字予中，寶應人。進士，由教授特召授翰林院編修。其文已梓者僅九卷，考證經史極明確，聞所著尚多，惜無由盡見之。

孟子先適梁後至齊

王氏又攷得孟子適梁當在惠王之後十四五年。未幾，惠王卒，子襄王立，在梁蓋未久也。若依史記以惠王之三十五年至梁，則距襄王之立凡十七年，孟子在梁無如是之久，而書梁事亦不得如是之略。以惠王自言三敗之事攷之，齊虜太子申在惠王之三十年；而喪地於秦，辱於楚，史記魏世家則以爲襄王五年、七年、十二年之事，由誤以惠之後元年爲襄元年故也。惠王屢經挫衄，故卑禮厚幣以招賢者，而孟子之至必當在惠之後十四五年無疑也。至齊宣王當爲齊湣王，沈莊仲録朱子語已云然，而大全不載，諸儒亦無及此者。案齊湣王初年，彊於天下，與秦爲東、西帝，其所以自治其國者亦必有異矣；末年，驕暴以至滅亡。此則唐玄宗、秦苻堅之比，其初豈可不謂之賢君哉！故孟子謂「以齊王，由反手」，「王由足用爲善」，皆語其實。而湣王之好貨、好色、好樂、好勇，卒不能以自克。末年之禍，亦基於此。後來傳孟子者乃改湣王爲宣王，以爲孟子諱，蓋未識此意。約略孟子在齊，不過四五年；其去齊，當在湣王之十三四年，下距湣王之歿，更二十五六年。孟子必不及見，則不得稱謚，故公孫丑兩卷但皆稱王，乃其元本。而梁惠王兩卷則稱宣王，其爲後人所增無疑矣。

趙文子論舅犯

檀弓載趙文子之論舅犯也，其言曰：「見利不顧其君，其仁不足稱也。」噫！舅犯誠仁人也，柰何謂其仁不足稱？余嘗病斯言之爲過。後見武進蔣濟航先生集中有子犯論一篇，語極痛快，論曰：「人苟利之爲見，則趨之唯恐不及，其能舍目前之富貴而邑邑俟諸十九年之後乎？人苟不顧其君，則無往而顧其君者，其能拂君之欲、逢君之怒、舍安樂而馳驅犯難以圖不可知之霸業乎？且秦穆之勸重耳以復國也，不可謂非忠告裏言也，而當日辭之若浼，曰：『父死之謂何？又因以爲利。』痛乎其言之深切著明也，迄今誦其言，有不盡然心傷者乎？以正人心，以篤父子，仁莫大焉。至其以璧授公子數言，所以償前此食肉之言而探其意也。夫人於患難時，有小忿而至手戈以逐，則君臨時生殺唯命，能必其念前勳而懲其忿以相宥乎？於顛頡有明徵矣。是知子犯之言，惴禍非求利也，而乃文致其罪，冤矣！」此論出，而於人意乃始暢然。蔣名汾功，余同年丈人也。其古文足名家，生平於孟子用功尤深，著有四編，皆推闡其文義者。

鉏訓立薅斫

説文：「鉏，立薅斫也。」今二徐本俱作「立薅所用也」，係後人妄改，葢不知「斫」之爲義而疑爲「所」字；又以不成文，而更增一「用」字，因使讀者不復致疑。今幸廣韻「鉏」字下所引尚不誤，得以正之。爾雅釋器「斫謂之鐯」，郭注「钁也」；説文訓钁爲大鉏；淮南精神訓「繇者揭钁臿」，兵略訓「奮儋钁以當脩戟長弩」，高誘注竝訓钁爲斫。此皆可以爲「斫」即「鉏」之確證。

濂爲溓之重文

今説文無「濂」字。黿以道得唐人説文本以校徐鼎臣本，著參記許氏文字一書，共三册，樓大防曾見之。攻媿集中荅趙崇憲書載黿氏説曰：「溓，徐：力鹽反。唐：力簟反。从水从兼。徐本曰：『薄冰也。一曰中絶小水。』唐本曰：『薄冰也。或曰中絶小水，又曰淹也。或从廉。』徐氏闕『濂』字。案素問：『夏三月之病，至陰不過十日，陰陽交，期在溓水。』楊上善曰：『溓，水靜也。七月，水生時也。』然則从兼者亦古文廉字，非兼并之兼。」以上皆以道説。大防案：「素問二十四卷陰陽類論溓水注云：『溓水者，七月也。建申，水生於申，陰陽逆也。』楊上善云：『溓，廉檢反。水靜也。七月，水生時也。』唐本既曰『或从廉』，則非無『溓』字。」據此，則周子之溓谿與元次山之浯、峿、浯出於意見者，自不同。說文云「浯水，出琅邪靈門壺山」，則「浯」字非次山臆造也。錢馥識。

泔之奧之

荀子大略篇：「曾子食魚有餘，曰：『泔之。』門人曰：『泔之傷人，不若奧之。』」楊倞云：「泔與奧，皆烹和之名，未詳其說。」文弨案非烹和也，曾子以魚多欲藏之耳。泔，米汁也，泔之謂以米汁浸漬之。門人以易致腐爛，食之不宜於人，或致有河魚腹疾之患，故以爲傷人。說文「奧，宛也」、「宛，奧也」，「奧」與「宛」皆與「鬱」音義同。今人藏魚之法，醉魚則用酒，醃魚則用鹽，置之甀中以鬱之，可以經久且味美。「奧」如「鬱韭」、「鬱麴」之「鬱」。「鬱韭」見說文「韰」字下，「鬱麴」見釋名，皆謂治之藏於幽隱之處。今魚經鹽、酒者，於老者、病者極相宜，正與傷人相反。

臞嗇

釋名言語篇：「煩，繁也，物繁則相雜撓也。省，嗇也，臞嗇約少之言也。」「省」與

「煩」相對成文，此篇例皆如此。或因太平御覽移入人事部瘦人類中，引作「省，瘦也，臞瘦御覽本譌「雀」。約少之言也」，遂依此改舊文。不知「臞」字本亦非誤。周禮地官大司徒注云：「瘠，臞也。」又廛人注云：「不售而在廛，久則將瘦臞腐敗。」釋文竝云：「臞又作臞，音稍。」疏引考工記梓人云：「大胷臞後。」「臞」是細小之義，故云「瘦臞」。是疏所據鄭注作「臞」字也。據此，則釋名定當作「臞嗇」，舊本但譌「臞」從日旁耳，不當改爲「臞瘦」。考工記「臞」作「燿」。又案「省，瘦」亦可通，但非釋名本耳。周禮大司馬「馮弱犯寡則眚之」，注：「眚，猶人眚瘦也。」古「眚」、「省」通用，春秋莊廿二年「肆大眚」，公羊作「肆大省」。周禮大司徒「眚禮」即「省禮」。

龍城札記卷二

應盧

宋胡宿文恭集館中候馬詩落句云「去騶呼已遠，自笑守應盧」，又上小謝學士啟中亦有「更直應盧」句，此用應休璉百一詩「問我何功德，三入承明盧」，然亦太牽强。集中往往類此。因老子有「如登春臺」語，即用「老臺」；因杜牧詩「誰人得似張公子，千首詩輕萬户侯」，即用作「詩户」；因北山移文有「昔聞投簪逸海岸」，即用作「海簪」；太守堂曰「雌堂」；稱天曰「杵天」：皆生僻不可爲訓。宿詩佳處，固不減唐人，而鬬湊之病，正當分别觀之。又其於小學及經史音訓，率未留意，故押韻及詩之平側閒亦多誤。

劉須溪

向來聞人言宋廬陵劉辰翁之號乃劉湏溪，「湏」與「頮」同音義，不當作「須」字。今見施愚山先生蠖齋詩話中辨此字云：「廬陵有龍鬚山，溪出其下。須即古鬚字。曹輔送周吉州詩云：『廬陵太守告我行，先把廬陵爲君説。龍鬚山對殷侯池，池面山容兩清絶。』」

據此，當作「須溪」無疑。

鐵禦蛟龍

凡江湖大川之處，皆鑄鐵器以鎮之，以蛟生於水而性畏鐵故。或投之水中，或置之岸側，所以豫防其害也。順天劉李河倚橋有長鐵篙二，俗人相傳以爲梁王彦章所用之鐵槍，非也。余至岳州，見洞庭湖側有鐵械，長沙學使署大門内有大鐵鍋。江寧城側有鐵釪，形似所以止舟者，而絶高大，十數人舉之不能勝；即城中前明鐵廠，今改爲書院，門外亦有此物。此皆余所見者，他處諒亦尚多。案梁書康絢傳：「築浮山堰，將合，淮水漂疾，輒復決潰。衆患之，或謂江淮多有蛟，能乘風雨、決壞厓岸，其性惡鐵。因是引東西二冶鐵器，大則釜鬲，小則鋘鋤，數千萬斤，沈於堰所。」然則槍械鍋釪等器，其意亦猶是也。

古人音喜悲

王仲宣公讌詩云：「管弦發徽音，曲度清且悲。」潘安仁金谷集詩云：「揚桴撫靈鼓，簫管清且悲。」陸機文賦云：「猶弦幺而徽急，故雖和而不悲。」又詩：「閒夜撫鳴琴，惠音清且悲。」即魏晉以前，亦皆尚悲。韓非十過篇：晉平公曰：「清商固最悲乎？」師曠曰：「不如清徵。」又問：「音莫悲於清徵乎？」曰：「不如清角。」王充論衡書虚篇云：夔「性知音律，調聲悲善」。又感虚篇云：「鳥獸好悲聲耳，與人同也。」自紀篇云：「悲音不共聲，皆快於耳。」古詩：「上有弦歌聲，音響一何悲？誰能爲此曲，無乃杞梁妻。」史記刺客傳：高漸離於宋子「擊筑而歌，客無不流涕而去者。宋子傳客之」。阮籍樂論：「桓帝聞楚琴，悽愴傷心，倚房而悲，慷慨長息曰：『善哉乎爲琴！』」此正不必益以雍門，數言而已能使人淚承睫也。然不知古人之意何以獨喜悲如此。蓋絲聲本哀，素女鼓五十弦瑟，音過悲，黄帝使破爲二十五弦。悲究非和平之音，其好尚當起於戰國時耳。

安禪

今人常語勸人休息曰「安耽」，大約作此「耽」字。頃觀宋范忠宣純仁集有和王微之以足疾不赴西湖賞雪詩云：「湖光映雪凝深碧，野色當軒展素紈。心似白公何慮脚，燕堂深暖小安禪。」自注二字其下云：「音丹。」作此「安禪」字。案禮記玉藻「禪爲絅」，乃衣之無裏者，得與單通用。曹憲注博雅云：「今人作禪褿字，艸下著溥，失之。」然則單薄亦當用此「禪」字。僧家有所謂挂單者，即挂禪也。香山詩：「既有心情何用脚。」范詩中用此語。

米糷

余向見樓攻媿集有米糷詩，二字甚新，因筆之鍾山札記中。今見宋陳造江湖長翁詩中字作「米欒」，云：「予以病愈不食麪，此所嗜也，以米欒代之。」詩云：「厥初木禾種，移殖雲水鄉。粉之且縷之，一縷百尺彊。匀細繭吐緒，潔潤鵝截肪。吴儂方法殊，楚産可倚牆。嗟此玉食品，納我蔬蔌腸。匕筯動輒空，滑膩仍甘芳。豈惟僕饕餌，政復奴桃榔。即今弗洎感，頗思奉君王。」又見楊誠齋集中，詩題有云「上元夜屑粉爲繭絲，以卜一歲之禍福」，亦「米糷」類也。吾鄉細粉略似之，然亦澄麥屑之瑩白者爲之，亦非米也。「欒」字見玉篇，胡鸞切，訓饘也，與廣雅同。「米糷」俗所呼，以形相似耳。「欒」字但以音相近傅之，未必確。「欒」上聲，「糷」去聲，俗閒或混然無别也。

郝經鴈足繫書

宋留元使郝經於真州十五年，經乃於九月一日用蠟丸帛書繫鴈足，祝之北飛，事載元史。余嘗疑之：九月鴈正南翔之時，安得北飛？以爲好事者傅會，未必實然。然當時吴澄、袁桷、蔡文淵、李源道、鄧文原、虞集、宋濂皆有題識，竝無一人致疑者，則事必非妄造。

今攷得繫書雖以九月，而虞人獲鴈於汴梁金明池實以至元十二年之三月，事方明白。且經詩云：「霜落風高恣所如，歸期回首是春初。」詩意本不望其九月即北徂也。於是疑乃盡釋。

省心雜言

向刻林和靖集者，以省心雜言一編附於後，以爲林逋所作，元時刻於虎林西湖書院者已如此。余曩以宋史藝文志載有李公省心録，以爲李邦獻所著。今觀宋景濂集有云：「王敬巖佖編朱子語録、續類之書，其第四十卷雜類篇云省心録乃沈道原作，非林和靖也。」濂謂朱子之言必有所據，當以沈道原爲正。然余以爲謂李邦獻、沈道原作者，其書皆名省心録，而此則名省心雜言，未必同一書。以爲非林處士所作者，謂逋之所優者詩爾，法語格言可以垂世而範俗者，逋或未之有聞。此又全出私意揆度之見。處士清高絶俗，名動公卿，夫豈僅以其詩云爾乎？且其言亦平實，謂逋必不能作此語，抑何其太輕視逋也？余則以爲省心録當歸之李與沈，或二人皆有此書，同名未可知也。省心雜言當歸之逋。刻於西湖書院者，序已云和靖處士林逋所作，夫豈不審而妄取他人之書以附益之乎？又有疑爲河南尹焞所作者，則以和靖之號偶同故耳。是皆疑逋爲不能作此言者，無乃過與！

余於拾補中據宋史謂李邦獻作，今重思之，仍歸之林處士，以無改前人相傳之舊，庶爲得之。

一甲二三人亦可稱狀元

元茶陵李祁以一甲第二人及第，而其鄉人通稱爲狀元，似出乎鄉里之私相褒崇。然宋時固有二、三人亦稱狀元者。周益公省齋文集中有回姚狀元穎啟、回第二人葉狀元適啟、回第三人李狀元寅啟，則知稱李祁爲狀元尚沿宋制。西涯亦不知第二人之本合稱狀元也。

船倉

船倉「倉」字，今人加舟旁，字書無此字。攷唐元微之遭風詩：「檣烏斗折頭倉掉，水狗斜傾尾纜開。」宋賀方回艤舟秦淮詩：「蓬卑每礙幘，倉狹纔容膝。」又有「迴燈撤杯案，抱被宿船倉」之句。又楊誠齋詩：「船倉周圍各五尺，且道此中底寬窄。」皆是「倉」字。近來梓張功甫南湖集詩中有「枸橘花繁雪有香，風吹成陣入船艙」，乃作舟旁「倉」。此葢沿俗作而不攷之古也。

煞神

人死，陰陽生以死者之日時判爲某日當接煞。其來有尺數，高下不等。至其日，陰陽生來爲作法，其家於死者之寢設坐，陳其遺衣服候時，謂神當來。子孫先於寢處伏地哭，後隨陰陽生遍歷死者生時所到之處一周，而後止焉。南方俗如此。北方則避煞，空其室，以灰布地。翌日視之，灰上有雞足形即煞神至之驗也。然昔未有言及者。余案周禮春官司巫云：「凡喪事，掌巫降之禮。」鄭注云：「巫下神之禮。今世或死既斂，就巫下禓其遺禮。」乃恍然於近世之所謂接煞，即古巫降之禮，周漢即已有之。陸德明音「禓」爲「傷」，「傷」與「殺」即一聲之轉，「煞」即「殺」字，世人又音轉爲「賽」。今之陰陽生即古之巫也。則今世所行未嘗不本於古。孔穎達正義云郊特牲「鄉人禓」，鄭注云「强鬼」。此「禓」乃當家之鬼。

櫺星門

今文廟外門謂之櫺星門，相傳舊矣。嘉興李秀才富孫謂「櫺星」爲譌，當作「靈星」，以周頌絲衣詩序云：「繹賓尸也。高子曰：『靈星之尸也。』」繹之禮在門外，則門爲靈星之門。祭靈星有尸，故云靈星之尸。此可正世俗以「靈」爲「櫺」之譌。然以余細考之，孔穎達正義謂高子別論他事，「祭靈星之時，以人爲尸。後人以高子言靈星尚有尸，宗廟之祭，有尸必矣」。漢書郊祀志：「高祖詔御史：『其令天下立靈星祠。』」張晏曰：「龍星左角曰天田，則農祥也。晨見而祭之。」史傳之説靈星，唯有此耳。案靈星有尸，如祭泰山亦有尸，此無足異。若繹所賓之尸，即昨所祭之尸，何必別之曰靈星之尸？是則高子乃別論他事，無可疑者。若靈星主農祥，何以獨繫之於門？門爲五祀之一，又不宜以他神廁之。然今人所稱櫺星門，即改作靈星亦無不可，以二字本通故也，而決非天上之靈星。何以證「櫺」與「靈」之通也？左氏定九年傳：陽虎「載葱靈」，賈逵曰「衣車也，有葱有靈」，孔氏謂「兩旁開葱」，「葱中豎木謂之靈」。今人猶名葱木爲靈子」。如賈、孔所言，葱即窗，靈即櫺也。今櫺星之制，其上截亦豎木爲之，正合孔氏之説。淮南主術訓更謂之「零星之尸」，更可見不專指靈星。至星之爲義，實難强通。漢時別駕車轓，謂之屏星。此車當也，謂之屏可矣，何以亦連星爲名？梁侍講同書云：「門之制，古亦必有彩飾如會弁然。屏星之制，亦當相類，故皆有星之名。今之等星稱星，亦猶是也。此於古制已無可考，然不可指門名，因天上之星較然明矣。」

懀

陳壽吳志朱桓傳：桓子異字季文。權謂異從父據曰：「本知季文懀，定（疑「近」之譌。）見之復過所聞。」何氏焯云：「懀疑即快字。」案何説是也。陸雲與陸典書書云：「此君公私竝懀，年長而志新，齒邁而曾勤，家宗美者也。」近人文中用「懀定」二字，「定」字必是誤寫，不當連上「懀」字讀。又官本吳志徑改「懀」爲「獪」，謂言其狡獪，則與上文辭對稱意，語意全失。蓋「快」自是吳人贊美常語，張承與呂岱書稱其「事事快」，顧榮薦甘卓謂其「膽幹殊快」，則知「懀」亦正與「快」字同。且字之從口作「噲」者亦有快義。詩小雅斯干：「噲噲其正。」箋云：「噲噲，猶快快也。」淮南精神訓：「噲然得卧。」宋書樂志四吳鼓吹曲從曆數篇：「覽往以察今，我皇多噲事。」「噲」、「懀」音皆與「快」同，而義亦隨之，古人所以多通用也。

婦人亦稱丈人

顔氏家訓風操篇：「自古未見丈人之稱施於婦人。」以此譏周弘讓。案論衡氣壽篇：「人形一丈，正形也。名男子爲丈夫，尊公嫗爲丈人。」又史記荆軻傳後敘高漸離擊筑事，有「家丈人」語，索隱引韋昭云：古者名男子爲丈夫，尊婦監本作「父」。嫗爲丈人。故漢書宣元六王傳所云丈人，謂淮陽憲王外王母，即張博母也。又古詩云：「三日斷五匹，丈人故嫌遲。」以上皆小司馬說。今本史記正文「丈人」作「大人」，而舊本皆作「丈人」。蓋本是「丈人」，故索隱先引丈夫發其端；若是「大人」，則漢高、霍去病等皆稱其父爲大人，小司馬胡不引而反引張博母乎？亦不須先言丈夫也。古樂府又有「丈人且安坐，丈人且徐徐」之語，乃婦對舅姑之辭。至「丈人故嫌遲」，意偏主姑言，下言「遣歸」，則當兼白公姥，是姑亦得稱丈人也。乃史記聶政傳嚴仲子稱政之母爲「大人」，又本作「夫人」，注引正義語與索隱同，而皆作「大人」。愚謂「大人」、「夫人」皆「丈人」之譌。顏氏謂古未以丈人施諸婦人，此語殊不然。

岐㐺

尚書泰誓下：「光于四方，顯于西土。」傳云：「言其明德充塞四方，明著岐㐺。」宋本是「㐺」字，攷之足利古文亦正同，而今本多改作「岐周」。案㐺從三人，即衆字，由識者少，遂誤改之。

春王正月

此周建子之月也，故加一「王」字，以别於夏時。案夏小正「正月」上有「春」字，「四月」上有「夏」字，「七月」上有「秋」字，「十月」上有「冬」字，此之謂夏時。傳小正書者，以傅崧卿本爲最在前。傅本有「春」、「夏」、「秋」、「冬」字，而後來諸本皆脱去。孔子云：「吾之杞，得夏時焉。」若但有月而無時，則何以謂之得夏時？然則夏時之春正月若彼，今則時王之正月，不與夏同。左氏又增一「周」字，而義益顯。後人因胡氏夏時冠周月之謬説，長言攷辯。其實只一「王」字，而周之不同於夏，已判然莫能易矣，無爲費辭矣。

衛風淇奥倚重較兮

今本「倚」作「猗」。攷宋本、足利本，「猗」竝作「倚」。正義云：「倚此重較之車。」則爲「倚」字明甚。若「猗」，乃美辭。上以寬綽美其人，此即美其車較，似寬綽亦指重較言矣。作「倚」爲是。

周書君牙先王與先正當互易

「王若曰：君牙，乃惟由先正」當句。永懷堂本「正」作「王」，足利古本亦同，皆誤。下云「舊典時式」，傳曰「汝惟當用先正之臣所行」，此「正」字乃當作「王」。先王之臣正解「先正」二字，「先正」謂臣，不必更贅「之臣」二字。

裘杼

韓詩外傳云：「君子之居也，綏若安裘，晏若覆杼。」桐鄉汪氏嘗取「裘杼」二字以名其樓，然其實「杼」乃「杅」字之譌。杅即盂也，杅覆則平穩無虞傾倒矣。漢書東方朔傳有「安如覆盂」語，正與此同。余又檢佩文韻府「杅」字下載韓詩外傳作「杅」字，不作「杼」，是已。然上聲「杼」字下亦載之，此則修纂之見識有殊也。杼乃機之持緯者，即今之所謂梭，於覆字殊無當。今樓名「裘杼」，但取字新，而義實未嘗一細攷耳。

資絺資皮

今時居貨以待售謂之置，古則謂之資，語有輕重耳。周禮司市注：「販夫販婦朝資夕賣。」疏云：「資若冬資絺、夏資絺之類。則資者朝買資之，至夕乃賣，故以資言之。」今本改作「冬資絺、夏資絺」，則以吴越春秋有「冬則資絺，夏則資皮」語，故易之。然大賈多錢，始能豫儲以待時，非販夫販婦之所能效也。且疏之意，只以釋資字義耳，意不主乎絺絺，故不引成文。舊本即貼販夫販婦言，不改亦可。

董黯

虞翻對王府君言會稽人物，首舉孝子句章董黯：「盡心色養，喪致其哀。怨親之辱，白日報讎。」案會稽典録云：「董黯字孝治，家貧，採薪供養，母甚肥悦。鄰人家富有，子不孝，其母甚瘦。不孝子疾黯母肥，常苦之，黯不報。及母終，負土成墳，竟殺不孝子，置冢前以祭。詣獄自繫，會赦免。」余嘗疑此舉似太過，彼鄰子但辱其母耳，何便殺之？及讀周禮調人云：「凡殺人而義者不同國，令勿讎，讎之則死。」康成注云：「謂父母、兄弟、師長嘗辱焉而殺之者，如是爲得其宜。雖所殺者人之父兄不得讎也，使之不同國而已。」疏云：「古者質，故三者被辱，其子弟及弟子則得殺之。」乃知董黯亦猶行古之道也。今寧波尚有孝子祠，其後人甚盛。

狌狌猩猩

狌狌與猩猩似二獸，狌狌善走，猩猩知人前代名字，嗜酒被縛，不相同也。山海經南山載狌狌，讚云：「狌狌似猴，御覽作「狐」。走立行伏。懷木挺力，少辛明目。蜚廉迅走，豈食斯肉？」海內南經又有一讚云：「狌狌之狀，形乍如犬。厥性識往，爲物警辨。以酒招災，自貽纓罥。」是兩者性行不同，後當作猩猩，今亦作狌狌，誤也。乃太平御覽獸類只有猩猩，無狌狌，載山海經前讚，改作「猩猩似狐」，不載後讚。乃又有郭璞猩猩讚云：「能言之獸，是謂猩猩。厥狀似貛，集作「猴」。號音若嬰。自然知往，頗測物情。」與山海經後讚略同，其爲猩猩無疑矣。而前讚止言善走，不言識往，則狌狌非即猩猩。乃山海經俱作「狌狌」，御覽又俱作「猩猩」，似皆失之不考。

朔南暨

丁君希曾云：「暨以既爲聲，説文云：『日頗見也。』頗即易『無平不頗』、書『無偏無頗』之頗。頗者，偏側也。因此得禹貢『朔南暨』之解。蓋此『朔南』即黃帝素問『立於子而面午，立於午而面子』之處也。此地日不當人頂，僅見其偏側耳。『暨』字上從月既望之既，下從旦，日初出地平也，緣太陽衹行赤道南北二十三度半，其外則不到也。人之在二十三度半以外者，皆背其極，向日而立，故篆文北字作𠀒，象兩人背乎北極而立於地之形，謂日在其南，人各就日向暖也。此立於子而面午之説也。漢地理志交阯郡有北户。交阯爲中國極南之郡，故人皆面北開户以向日，此立於午而面子之説也。堯舜誕敷文德，民之被其光者，東極於浩渺之海，西阻於崔嵬之山，至朔與南，則以日頗見爲界。由兩極之下，寒洌異常，居人鮮少，故以朔南暨爲聲教訖于四海之證驗也。周書君奭篇曰：『海隅出日，罔不率俾。』在周且然，而況唐虞之際乎？此亦可爲『朔南暨』之一證。」

而與能古音義同

「耐」爲古「能」字，見禮記禮運注。又案，「而」字亦與「能」同。齊策四。「而治可爲管、商之師」，呂氏春秋不侵篇作「能治」。呂氏去私篇南陽缺令，「其誰可而爲之」，又不屈篇「施而治農夫者也」，又士容論「柔而堅，虚而實」，高誘注皆以「而」爲「能」。其注淮南亦同。新序三。「不以官隨愛，而當者處之」，今本「而」有作「能」者，後人改也。禮運正義謂説苑「能」字皆爲「而」，今説苑書中不見有「能」字作「而」者，亦皆爲後人改之矣。論衡福虚篇載田文之言云：「如在户，則宜高其户。誰而及之者？」此皆古書之未盡改者也。

縣亶鄡單是一人

史記仲尼弟子列傳有鄡單字子家，家語弟子解作縣亶字子象，史記無縣亶，家語無鄡單。案此實一人也。「鄵」字到懸作「県」，古堯切。「縣」名作「鄡」，與「鄡」同音。漢書地理志鉅鹿郡有鄡縣，師古音苦幺反；續漢書郡國志有鄡無鄡，正以鄡即鄡也。「亶」又與「單」通，太王亶父亦作單父可證。唐贈鄡單爲銅鞮伯，宋大觀中補贈聊城侯，而不及縣亶，當亦知其非二人也。廣韻注作「縣亶父，孔子門人」。史記索隱作「縣豐」。王伯厚云：「禮記檀弓有縣子，豈即其人與？」蓋諸書作「縣」者多，遂無知「縣亶」之當爲「鄡亶」、「鄡亶」之即「鄡單」矣。

更受古互用

梁陶貞白注鬼谷子摩篇云：「爲通者說謀必虛受。」舊本「受」作「更」。又注決篇云：「若乃去其福利，則疑者不受其決。」「受」亦作「更」。人以「更」字必是誤寫，余以爲古「更」、「受」二字往往互用。周禮巾車「歲時受讀」，杜子春云：「受當爲更。」儀禮燕禮更爵注「古文更爲受」，大射儀注亦同。左氏昭廿九年傳「以更豕韋之後」，史記「更」作

「受」。則知古來「更」與「受」可以互通。舊本陶注猶是元文，若「受」字，必是近人不知而妄改也。

鶴鳴于九臭

詩「鶴鳴于九臯」，「臯」本作「皋」，乃因「臭」字形近而譌。臭，古澤字，見玉篇。何義門焯讀太玄上首之次五曰：「『鳴鶴升自深澤，階天不㤞。』澤與鶴、㤞協韻。澤即易所謂『鳴鶴在陰』也。深澤爲陰，不當作臯。」

那亦音耼

「那」，說文本作「䣥」，从邑冄聲。今經書中多寫作「那」，音諾何反。莊十八年左氏傳「遷權於那處」，釋文：「那又作䣥，同。乃多反。」今案史記索隱作「䣥」字，云䣥與耼季之耼同，音奴甘反，與說文冄聲正合。然世人之知者少也。錢氏馥云：「寒、歌二韻在古自通，如儺从人難聲，而音諾何切；鼉从黽單聲，而音徒何切。容齋隨筆引唐韻云：『韓滅，子孫分散江淮閒，音以韓爲何，字隨音變，遂爲何氏。』全謝山經史問荅云：『鄲侯周緤本傳引蘇林注：鄲音多寒反，此讀如字爲是。而史記緤本傳亦引蘇注，但云音多，則斷脱去下二字。而史、漢二侯表亦然，漢志引孟康之言亦然，水經注所引亦然。丁氏集韻於是竟添一條曰鄲音當何反，則更無有疑之者矣。』案全氏之説非也。鄲之音多，與鼉之音佗正相同。昌黎送何堅序云『何於韓同姓爲近』，蓋因音相近，故知其本同姓也。」

龍城札記卷三

士冠禮無見父與賓之文

冠者既冠訖，見母、見兄弟、見姑姊，獨無見父與賓之文。賈氏疏云：「蓋冠畢則已見也。」蓋者疑詞，想當然耳，然説究不穩。余謂凡禮皆不相參，主賓酬對，子安得參雜其間？且當賓之前，子亦不便舍賓而爲私敬，況父之尊？豈以成人故，而即荅子之拜？若賓，則當往其家拜，始爲敬。不當因冠所之便，而苟簡以見之。至經云見於母、見於兄弟，見即是拜。乃説經者謂母與兄弟皆先拜冠者。母之所以先拜者，以子所執之脯從廟中來，故爲脯而拜。此實曲説。禮記冠義云：「成人而與爲禮也。」與者，兩相與之詞。子拜，母亦拜之，是之謂與。母之拜，肅拜已耳。弟與兄相連成文，弟必不先兄而冠，兄必不特見之。妹亦猶是也。有謂姑姊中含有妹者，非。或謂賓退而始見父，可乎？夫祭尚過時不祭，以此推之，亦必無俟賓退而始行見父之禮明矣。

繼室

女有家，男有室，室即妻也，繼室即繼妻也。有訾近人文中用繼室爲不當者。裴世期注吴志步夫人傳引吴歷云：劉纂先尚權中女，早卒。又以小虎爲繼室。何義門云：「繼室之名，於時已謬。故委巷之書，君子所慎。」意葢以左氏所云「繼室以聲子」者乃媵耳，非再娶也。然昭三年左氏傳「齊侯使晏嬰請繼室於晉」，又何以云乎？吴歷乃胡沖所著，是史家，亦非小説也。又近人稱首妻爲元配者，亦本左傳之元妃。古讀妃爲配，嘉耦曰妃。

表德兩字可不全舉

史、漢注中引鄒誕生、酈道元諸人語，多只稱鄒誕、酈元，書舜典正義中稱錢樂之亦不連「之」字。「之」字本語辭，如羲、獻父子不相避，義尤可省。

尊上

稱人之親曰尊上。宋書孝義傳：許瑤之以緜一斤遺郭原平，曰：「以此奉尊上耳。」原平乃拜而受之。拜受重其爲親也。今本宋書及南史俱作「以此奉尊上下耳」，「下」字衍。本卷内顧覬之謂何子平曰「尊上年實未八十，親故所知」，亦稱其母爲「尊上」，可以互證。子平稱其母爲「尊老」，今杭人專以自稱其父云。

屐

屐可以遊山，亦可燕居著之，謝安之屐齒折是也。紈絝少年喜著高齒屐，見顏介家訓中。大抵通侻之服，非正服也。宋阮長之爲中書郎，直省，夜往鄰省，誤著屐出閤，依事自列門下，事見南史。蓋宫省清嚴之地，宜著履舄，在直所容可不拘，而出閤則必不可以褻，此其所以自劾也。宋書「屐」字作「履」，當是字誤。至鄭樵通志則改云「誤著鄰省屐出閤」，則於本事全失。若但誤著鄰省之屐，固不疑於盜竊，何至自劾？且同省可以誤著，而鄰省不容誤；即或有之，而我必先屐以往，足以相抵其誤。自明於法無礙，何容自列？此雖小事，亦可爲作史者鹵莽之鑒。漢、晉、宋諸史之志輿服，於履舄之制皆不詳，固不知周官屨人之遺意矣。

塑像

楚辭有像設之文，漢時休屠王有祭天金人，後世祠廟之領於祠官者，如先聖、先賢、山川、城隍之神，亦皆合土以爲之像矣。明洪武時，少革其制。至嘉靖，用張璁之議，詔天下盡革塑像而用木主。余讀元人姚燧汴梁廟學記云：「北史：敢有造泥人、銅人者門誅。則泥人固非中土爲主以祀聖人法也。」「短長豐瘠，老少美惡，惟其工之巧拙是隨。」「曩長安新廟成，繪六十一人與廿四儒於廡，畫工病其爲面之同，縱人觀之，而擇貴臣圖其上。蓋肖今人之貌，而冠以先賢之名。使過而識者，抵掌相語曰：是某也，是某也。未見其起敬於他日，顧先足來不恭於一時。」是塑像之失，昔賢已有議之者矣。明馮從吾一生講學，其在關中，當事有惡之者，毁其書院，曳夫子像於城隅。是當時天下仍有不用詔書者。余乾隆辛酉過鄒，拜孟子廟，廟故有孟子像，樂正子旁侍。顧炎武日知録謂「愚俗之人難曉」，信然。夫小人無忌憚，至敢毁棄聖像，固罪不容逭。然其塑之者亦非也。或有謂廟者貌也，應有塑像，此附會之説，明者宜一斷以理云。趙敬夫曦明云：「古有作俑，當已爲塑像之造端。」顧氏云：「嘉靖九年，詔革先師孔子封爵、塑像，有司依違，多於殿内添砌一牆，置像其中，以塞明詔。甚矣！愚俗之難曉也。」余則以爲此尚非有司之失。蓋像之舊有者，頓加毁棄，亦所未安。唯以牆屏隔，不加脩治，任其自化，如此處置，頗爲得宜。余所謂愚俗之難曉者，則在既革之後，而又增塑之者耳。

嶴

餘姚之地，以「嶴」名者甚多，蓋山之隈曲處可居人者。考字書竝無「嶴」字，前代名人集中即有之，今邑志亦即書此「嶴」字。予以爲此本作「奥」，而後人乃從俗加山耳。謝靈運山居賦云：「遠東則天台、桐柏、方石、太平、二韭、四明、五奥、三菁。」自注云：「二韭、四明、五奥，皆相連接。」案今四明山在餘姚縣南，東連慈谿，西引上虞，有大韭、小韭、菁山、菁江，皆在縣境。則今之所謂「嶴」，非即昔人之所謂「奥」乎？今「嶴」名甚多，有不止於五者，他若閩粤瀕海之地亦皆有「嶴」，不獨餘姚爲然矣。

近見宋陸務觀家訓言其先人墓在九里袁家嶼，作「嶼」字；又明上虞謝肅爲餘姚黄菊東珏墓銘，云其葬在上虞建隆嶼，作「嶼」字。古字少，多通用，後人往往各從其類增加以殊别之。此「奥」字之加「山」，或上、或下、或旁，雖不同，要即一字，其由來已久，後之編字書者當收入。

尺赤升勝石碩竝通用

明楊慎每以「尺牘」爲「赤牘」。考北齊平等寺碑云：「永平中，造定光銅像一區，高二丈九赤。」宋劉宰漫塘集真州新翼城記「尺」字作「赤」，爲明鄧士望改去，而著其説於後，云：「雖正韻有官府文移借用赤字之説，不若直用尺字爲長。」又漫塘有回韓守減苗斛劄，「升」字作「勝」，亦爲改去，云：「考韻書無通用者。」予嘗見三輔黄圖有云：「御宿園出栗，十五枚一勝。大梨如五勝，落地則破。」則「升」之爲「勝」，古即有之。「升」與「斗」形近，史傳亦往往差互。又「石」亦作「碩」，通典有之。此雖官文書防弊之法，如一二等字之改從筆畫多者，然要不爲無本。今尋常書札固不必爲此以駭俗。而或至以誤字疑之，則亦未考古來本亦通用也。

帳構

鄉前輩厲鶚樊榭集中有魏景初帳構銅歌，注云：「狀圓如簫，徑一寸，長四寸許，中空而底方，旁出岐枝，有孔。上有字云：『景初元年五月十日中尚方造。長一丈，廣六尺，澤漆平坐，帳上廣構，銅重二斤十兩。』凡三十二字，八分書。邗上方西疇所藏。」又云：「南史崔祖思傳：『劉備取帳構銅鑄錢以充國用。』帳構銅之名僅見於此。」余案宋書禮志及江夏王義恭傳作「帳鏽」，云：「帳鏽不得作五花及豎筍形。」此亦見於史者。

古音字

古人於字之難識及疑似者，往往即他語以相比況。漢書注鯫音淺鯫、傳音亭傳之類，若作鯫音淺鯫之鯫、傳音亭傳之傳，人更易曉，而古人往往省之。晉郭璞注方言猶然，蔿音指撝、蕡音翡翠、鮆音鮆魚、廛音纏約，亦有出三四字以外者。其注爾雅、山海經亦當爾。山海經中多改從今例矣，如縣雍音汲甕，乃誤改爲名汲甕，尤謬。漢書注縣名莫䵢下音忉怛，狋氏下音權精。此自音䵢爲怛、音狋爲權耳，非連莫讀忉、併氏讀精也。今人不曉古例，往往誤讀。不知音兩字者，古人自當作忉、怛二音，權、精兩音，又自有例矣。縣名以氏稱者甚多，又莫字人所易曉，故古人不嫌相混。陸氏釋文音一字亦連引數文，在今時自當從今人體例，一讀了然，而古人音訓亦不可不知。昧者至謂「鯫生」之「鯫」音「淺」，而「鯫」字爲「賸」；「羣生堪堪」音「湛湛露斯」，又增一「湛」字於「湛湛」之上：皆失之不考。

莒人滅鄫

公羊襄六年春秋書莒人滅鄫，鄫以外孫莒公子異姓爲後。何休云：「莒人當坐滅也。」陸淳云：「鄫以莒公子爲後，罪在鄫子，不在莒人。春秋應以梁亡之例書鄫亡，不當但責莒人。」劉敞權衡，深取淳説。文弨案莒人苟無因以爲利之意，何不以大義辭之，令其自擇宗姓以爲後，於王者興滅繼絶之道，豈不有合乎？而乃貪其土地，甘棄其子於異姓，罪安可赦？夫與爲人後，與賁軍之將、亡國之大夫一例，爲聖門所擯。則何氏謂「莒人當坐滅」，此語正得書法本指。陸、劉之説，吾所不取。

讀史札記一

養坰論學札記

說十則

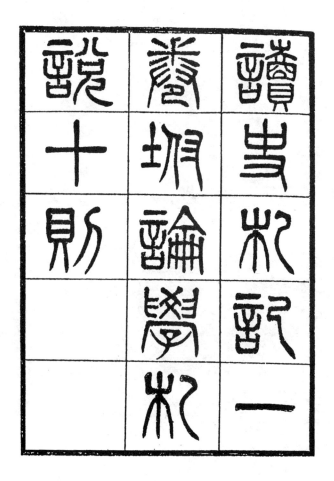

序

抱經先生生平喜校書，所校不下萬卷。其立意在愛惜古人，啟迪來學，而於己之名望無與也。故所自著書，唯鍾山札記四卷，生前所刻。後來又纂龍城札記，未竣而殁，今所刻三卷，非全書也。余去歲在杭州，孫頤谷侍御言先生讀史亦有札記一册，未得付刻，因以授余。余屬宋君斗爲録此副本，斗爲即諉余校勘。余受之五月餘矣，因以餘閒爲校一過。此書非先生經意之作，然立説殊精審。中有趙敬夫夾簽，趙亦先生之老友也，因竝坿著於簡端，而以書歸斗爲。吁！知己云亡，不可復見。展卷莊讀，曷禁怦怦！嘉慶四年己未孟夏朔後二日，私淑門人嚴元照謹記。

讀史札記一卷，盧學士抱經先生之所著也。先生鍾山、龍城兩記業已付梓，此册孫頤谷侍御從其槀本録出，擬付刻而未果。戊戌八月，予從毋自欺齋假得嚴修能先生校本，乃手録一副藏之，它日當壽諸棃棗以公同好也。道光己亥涂月朔日裝成并識，後學仁和勞格。

讀史札記目錄

讀史札記

春秋三傳皆出於曾子

元郝文忠經嘗著春秋三傳折衷，其書世未之見也。其序謂：三傳皆出於曾子。劉向別録言：丘明授曾申，申授吴起。此必有所自。申，曾子之子；起，曾子之門弟子也。夫論語、曲禮、檀弓、曾子問、大學、中庸等皆出於曾子之門人，樂正子春、曾元、曾申之徒爲之記録，而子思、孟子傳之也。豈春秋大經大法不傳之於曾子而傳之於丘明乎？劉向所録，蓋丘明上有曾子字而失之矣。春秋所譏，多父子、夫婦淫逆之事，故不能親授之子，使丘明輩轉相傳之也。又世咸謂公、穀受經於子夏，亦不然。公羊於昭二十五年稱孔子者一，文四年稱高子者一，莊三十年稱子司馬子者一，閔元年稱子女子者一，隱十一年、定元年稱子沈子者二，莊三年、二十三年、僖五年、二十年、二十四年、二十八年稱魯子者六；穀梁於桓二年、三年、十四年、僖十六年、成五年、昭四年、哀十三年稱孔子者七，定元年稱沈子者一，隱五年、桓九年稱尸子者二，桓三年稱子貢者一，襄二十三年稱蘧伯玉者一，皆不及子夏。夫加「子」於上者，辟聖人直稱子也。直稱子，尊而師之也。語、孟傳注無所謂魯子者，豈非誤曾爲魯乎？且公羊於昭十九年傳以樂正子春爲説。樂正子春，曾子之弟子，益可證魯子爲曾子無疑也。蓋左氏、公羊氏皆出曾子，而穀梁氏受之沈子、尸子之徒，沈子、尸子之徒則受之曾子也，皆非出於子夏明矣。案郝氏之説頗可據依，今加考訂録之。

吴淵穎詩

吴淵穎萊詩集中有貞女引一篇云：「北方有達者，官守託閩壖。一笑侍盥櫛，千金得嬋娟。晨歌雲母幌，夜舞荔枝筵。春桃獨不豔，秋柳遽無年。於焉榛笄毁，遂以櫝櫬遷。音容詎可睹，涕泣空餘漣。墓埏但未殉，牀第更誰妍。越鸞悲掩鏡，齊雉痛鳴弦。人子當盡道，妾生敢移天。手澤尚不忍，家風豈其愆。吾何惜吾軀，汝懼辱爾先。郡庭給過所，江驛遞歸船。郵兵即前防，纜卒復後牽。時時數釵珥，處處閲橐氈。心堅務玉白，鼻截愧瓦全。指波著重誓，抗節脱飢涎。世故日已下，民彝孰能然？狹邪情比絮，桑濮步安蓮。閼氏弄琵琶，青冢俗曷鐫。昭儀出感業，椒壁孽多氈。況茲大丈夫，自許古聖賢。百行偶一敗，反經欲稱權。疇知生死閒，便見粲與淵。吁嗟此貞女，儻或繼史編。」近注此詩者，以爲刺聚麀而作，大謬。此詩蓋表貞也。余考之元史列女傳，有哈剌不花之妻雍吉剌氏脱脱尼者，年二十六夫亡。前妻二子皆壯，無婦，欲從其本俗。脱脱尼以死相誓，二子慚懼謝罪，乃析居。卒以貞操聞。與此詩所云「指波著重誓，抗節脱飢涎」語正相合。但傳云哈剌不花妻，而詩意似指人之姬侍，雖微有異，然吴自以爲得之傳聞，則容有不盡審者，吾故以爲當即一事無疑。

前漢書

班固書，人稱爲前漢書。此在尋常稱道則可，若其本書標題，自當作「漢書」，不當冠以「前」字，蓋從孟堅當日作書時之本名也。謝承、薛瑩諸人所撰，乃稱「後」、稱「續」以别之，班氏無緣豫立「前」字以待後人之對文。觀昔賢援引，亦並無「前」字。

卷目

唐以前人於古書卷目往往不敢輕改。如漢書本一百卷，十二紀、八表、十志、七十傳是也。師古注之，則其文繁矣，一卷或析爲二、爲三、爲五，分計之，當爲一百二十卷，而顔氏並不改百卷之舊，一卷之中祇以上中下别之。五行志分爲五行志上、五行志中之上、中之下、下之上、下之下；又如嚴朱吾丘主父徐嚴終王賈傳既分爲上下二篇，上卷祇當題嚴朱吾丘主父徐傳，下卷祇當題嚴終王賈傳，而師古懼失其舊，不敢少有紛更，在今人則笑以爲拙矣。李善之注文選，雖析三十卷爲六十卷，而本卷首有標目，其析出之卷，則標目仍在前卷中。昔賢重於改作如此，可以爲後人之法。

漢書非失於限斷

往往見人譏漢書不應爲范蠡、子貢、白圭諸人立傳，以爲失於限斷。此説非也。漢書中如儒林、循吏、酷吏、貨殖、游俠等傳，皆因事立名，並不可分析屬之於某甲某乙也。自後人妄造目録冠於本書之前，於是羅列姓名，若一一爲之專傳者，其去取全無義例，遺漏正復不少。貨殖傳可列范蠡、子貢、白圭諸人，儒林傳之商瞿、橋庇何以不列？田何、楊何亦皆從删？又如貨殖傳中「猗頓用鹽鹽起，邯鄲郭縱以鑄冶成業」，只此二語，乃目録大書猗頓之名，而郭縱則不之及；程鄭之下，尚有羅裒，亦復不著。寧成、周陽由皆酷吏也，乃寧則大書，周則旁注，全然錯繆。顔氏注本尚無此，必趙宋始有板印時，一妄庸人所爲，以便於翻檢耳。乃使古人史法亦從而晦。葢因事名篇，則元元本本。稱引古昔以爲造端，雖唐書、宋史，亦曷禁其稱述堯舜乎！惟其不專爲立傳，故夏侯勝既有專傳，又見儒林；張放已附張湯，又見佞幸，亦不可譏之爲複出也。欲爲史、漢作目録者，但取太史公自序、漢書敘傳中所條列者抽出以冠於前，庶乎其可耳。

高帝紀

「公始常欲奇此女，與貴人。」師古注謂：「顯而異之，而嫁於貴人。」最得本文語意。乃有朱子文者，則曰：「欲字宜在女字之下。」若如朱說，索然有何意味？今本漢書載朱子文及宋祁、劉攽之說甚多，大半皆屬謬妄。朱子文吾不知其爲何許人，若子京、貢父負文學名，竊疑其陋不至此，豈後人所假託邪？顏氏敍例有云：「近代注文，多引雜說攻擊本文，乃效矛盾之仇讐，殊乖粉澤之光潤。今一遵軌轍，閉絶歧路。」案此則唐已前亦有此類，皆顏氏所不取者也。自慶元建安劉之問本濫附後人之說，明南雍本亦因之，今亦仍而不削。顏氏廓清於前，近人滓穢於後，其識見相去抑何若是之遼耶！後有重梓是書者，必當削諸。

「高祖乃書帛射城上」，正與魯連爲書以射城中一例。乃今本作「射上城」，「射」與「上」二字重沓，即略諳文義者亦不爲此。乃復著爲考證云：「監本作射城上，非也。」亦不著其何以非也。

「亞父范增。」如淳曰：「亞，次也。尊敬之次父，猶管仲爲仲父。」劉攽曰：「管仲自字仲父耳，亞父亦甫音也，言敬之次父，是妄說。」余案後漢郅惲云：「未聞師相仲父而可爲吏位也。」以仲父配師相，其不以爲字可知。顏氏家訓云：「甫者男子之美稱，古書多假借爲父字，北人遂無一人呼爲甫者。」亦所未喻。唯管仲、范增之號，須依字讀耳，此可見亞父非甫音也。古天子稱同姓諸侯曰伯父、叔父，諸侯於其臣，若鄭厲公之稱原繁、魯隱公之稱臧僖伯亦如此；漢天子亦有以父老稱其臣民者。記曰：「敬老爲其近於父也。養三老之禮，天子親執子道。」故董鈞謂三老不當答子拜，朝廷從之。後世目不見此等行事耳。不聞此等議論，無惑乎竝以爲妄說也。

律曆志

「迺以前曆上元泰初四千六百一十七歲，至於元封七年，復得閼逢攝提格之歲。」注：「此爲甲寅之歲也。」案四千六百一十七歲，不應干支重逢，此不可解。劉攽曰：「十七歲當作十一歲。」余案四千六百一十七歲，乃元法也。十九歲爲一章，二十七章爲一會，九會而復元，故志又云四千六百一十七歲，與一元終。經歲四千五百六十，災歲五十七，合經歲、災歲而計之，一元之數也。元封七年即太初元年，歲在丁丑，前十一月甲子朔旦冬至，復得上古甲寅之元耳。豈謂干支重逢哉？自劉貢父欲改一十七歲爲一十一歲，不復將前後文推尋，謬妄可笑。且即如其言，亦甲辰非甲寅也。古書之不可輕易議改如此。

歲星、熒惑、鎮星見中法，下班氏皆注云：「見數也。」太白、辰星見中法，下注云：「復數也。」此皆班氏本注，非師古所加。蓋五星中唯金、水二星晨見而伏，伏而又夕見，與木、火、土三星不同。故下五步木則云凡見三百六十五日若干分，伏三十三日若干分，後又結定其數云一見三百九十八日若干分。其火、土二星數不同，其曰見、曰伏、曰一見，計算之法則同。至金，則云凡晨見、伏三百二十七日，又云凡夕見、伏二百五十七日，後結定其數云一復五百八十四日若干分。水則云凡晨見、伏六十五日，又云凡夕見、伏五十日，後結定其數云一復百一十五日若干分。則前所云見數、復數即一見、一復之數。復者猶言再見也。其明白如此。乃劉原父校此書云：「三百九十八日并餘分者，通計上文見、伏之日分，今作一見字，疑後人妄改之。」下凡一見、一復等字，無不以爲後人妄改，真强不知以爲知矣。

「煬公二十四年正月丙申朔旦冬至，殷曆以爲丁酉，距微公七十六歲。」案七十六歲者，四章之數也，四章盡而無餘分。下又以朔旦冬至爲一蔀之首，亦云府首，故下云「距獻公七十六歲」、「距懿公七十六歲」，以至元帝「距建武七十六歲」，皆當於此句絶，下又別爲一段。乃諸刻或以易代爲閒隔，或以一君爲始終，皆失志之本意。蓋志是推朔旦冬至之日以明曆，竝非紀世紀年，何有是紛紛者乎？太史公「曆術甲子篇」所列亦七十六年，此古曆家之法也。

魏書太宗紀

此紀魏收所撰，已亡。宋館閣校勘書其後云：「史館舊本帝紀第三卷上有白籤云：『此卷是魏澹史。』案隋書魏澹傳，澹之義例多與魏收不同。其一曰諱皇帝名、書太子字，二曰諸國君皆書曰卒。」今此卷書法不同。隋書稱魏澹書甚簡要，不應如此重復乖戾，疑此卷亦殘缺脱誤。今本校勘則云後人補以北史，又取高氏小史、修文殿御覽附益之。案此紀大致亦與諸紀類例相合，但時有舛誤耳，與北史殊不類。

永興三年「六月，姚興遣使來聘」。案前後例皆書朝貢，此不應獨異。泰常二年五月，「西巡」。考北史「七月乙亥，還宫」，今本脱去。若接十二月庚申「田於西山。癸亥，車駕還宫」之文，則歷八月之久，非也，明係脱誤。

七年四月，「封皇子燾爲泰平王」。竝不書立爲太子。下突云「五月，詔皇太子臨朝聽政」，下又書云「是月，泰平王攝政」，其後或書皇太子，或書泰平王，參錯不一，皆戾史法。北史書云：「五月，立太平王燾爲皇太子，臨朝聽政。」便自秩然。

北史魏明元紀

永興「三年春二月戊戌，詔簡宮人非御及伎巧者悉以賜鰥人」。又云：「辛丑，簡宮人工伎之不急者出賜人不能自立者。」又云：「夏五月景寅，復出宮人賜鰥人。」一事而三書。考之魏書，只有戊戌一詔，下皆不重出。若辛丑之去戊戌只四日，政即奉行詔書一事耳，尤不當重出。此固盛德事，然書法殊不應如此複沓。

南史闕沈田子傳

沈田子、林子，劉宋時名將沈約從祖也。約爲宋書，載其事於自序中。唐李延壽爲南史，當爲立傳，乃亦闕如，何也？考鄭樵通志於毛修之傳下有沈田子傳，弟林子及林子之子璞皆附焉，豈樵時所見南史本有此傳邪？今當據以補入。

沈攸之與蕭道成書

沈攸之，宋室忠臣，宋書本傳載其暴斂侈費，亦當時之辭耳，不足爲攸之累。南史稱順帝即位，攸之尚未得即起兵，乃上表稱慶，并與齊高帝書推功。今考其書云：「少帝昏狂，宜與諸公密議，共白太后，下令廢之。奈何交結左右，親行弑逆，移易朝舊，布置親黨，官閣管籥，悉關他人？吾不知子孟、孔明遺訓固如是乎？足下既有賊宋之心，吾敢捐包胥之節。」此書鄭樵通志載之，正詰責之辭耳，何推功之有？當時史臣曲筆，延壽何以亦沿之？吾讀攸之傳，觀其處置，皆得事宜，忠義感人，至使被鞭者忘怨，而臧寅、邊榮、宗儼之之徒皆甘與之同死，千載下猶凜凜有生氣也。

柳元景傳

南史柳元景傳殊不成文，如以爲後人轉寫譌落則可，若出延壽所删，此手何可作史！宋書「劉道産深愛其能」下有「元景時居父憂，未得加命」十字，南史無之，則下去「服闋」文無所承書。北侵事删削過多，節次全不明曉。書龐法起軍「去弘農城五里」，便詘然而止。若得弘農可不書，則此「去弘農城五里」之語亦屬孤贅。又云「魏城臨河爲固，恃險自守。季明、安都、方平、顯祖、趙難諸軍頻三攻未拔，安都、方平各列陣於城東南以待之」云云，中間脱去魏洛州刺史張是提率衆二萬度崤來救一段，則所云待者不知何指，豈以延壽而如此憒憒乎？

宋書宗愨傳

愨從兄綺爲義恭征北府主簿，給吏牛泰與綺妾私通，愨殺泰，而云：「綺壯其意，不責也。」此語可謂全無肺腸者矣。南史改爲「義恭壯其意，不罪也」，方合情理。今律許親屬捕姦，當時想未有此條耳。

沈慶之傳

宋書云慶之「手不知書，眼不識字」，此兩句既率直，亦復重沓。南史云慶之「手不知書，每將署事，輒恨眼不識字」，如此方得情事，勝於宋書多矣。

竟陵王誕傳

宋書竟陵王傳具列陳文紹、劉成、陳談之三人所訴，甚爲蕪冗，此必當裁翦者也。及觀南史所删，頓使情事不明。如云「陳文詔與宋書名不同。訴父饒爲誕府史，恆使入山圖畫道路，不聽歸家」，下便云「誕大怒，使人殺饒」，殊不言所以致怒之由。既不聽其歸家，下直接云「誕大怒」，其可通乎？考宋書，乃其姊訴臺敕解吏名，誕見符至，始大怒：「敢持臺家逼我?」饒因叛走歸,誕即遣人縛録隊死井中。其事之顛末如此。如以爲繁,則如通志云「自是屢有人告誕圖逆,及巫覡呪詛之事,誕輒賊殺告者,事皆聞上」,只以數語檃括,而情事亦無不盡。南史縱或傳寫脱誤所致,然以大勢觀之,究爲辭費矣。

饒娥

新唐書饒娥傳云:娥「父勣,漁於江,遇風濤,舟覆,屍不出。娥年十四,哭水上,不食三日,死」。此本之柳子厚,其事在寶應間。娥,饒州樂平人也。元時邑人許道傳得大曆四年邑令魏仲光孝女碣,謂勣涉河采薪,爲水物所斃,不言娥死。樂平圖經謂娥訖父喪,終身不嫁。乾符間仲光族孫愔爲令時,所立碣賊火焚壞,因再立碣,亦言終身不嫁。大曆去寶應甚近,乾符雖遠,祖孫皆令其土三年,與士民接詢,訪豈不覈?子厚本北人,雖謫守江南,得之傳聞,容有未詳。許因集其事爲顯孝録,見元番易李仲公集。困學紀聞已云史誤,魏仲光「光」字作「兕」。

元史姚燧傳

姚燧傳云:「或謂世無知燧者,曰:『豈惟知之,讀而能句,句而得其意者猶寡。』燧曰：『世固有厭空桑而思聞鼓缶者乎？然文章以道輕重，道以文章輕重。彼復有班孟堅者出，表古今人物，九品中必以一等置歐陽子，則爲去聖賢也有級而不遠。其文雖無謝、尹之知，不害於行後。豈有一言幾乎古而不聞之將來乎！』」余嘗讀而疑之，謂有歐陽子之道自足以傳於後也，則何但以「言幾於古」爲遂足乎？辭意迂晦，殆不可曉。求其文讀之，則傳所采在其送暢師文純甫序中，其言曰：「歐陽子爲宋一代文宗，一時所交海内豪俊之士，計不千百而止。及謝希深、尹師魯二人者死，序集古録，遂有無謝、尹知人之恨。」「古之人惟其言之可以行後爲恃，以待他日子雲者出，將不病夫舉一世之人不余知也。今乃若是，亦以有知者爲快，而失之爲悲歟！」「純甫自言得余隻字一言，不棄而録之。又言世無知公者，豈惟知之，讀而能句，句而得其意者猶寡。嗚呼！世固有厭空桑之瑟而思聞鼓缶者乎？然文章以道輕重，道以文章輕重。世復有班孟堅者出，表古今人物，九品之中必以一等置歐陽子，則爲去聖賢也有級而不遠。其文雖無謝、尹之知，不害於行後，猶以失之爲悲。下下之外，豈別有等置余爲哉！則爲去聖賢也無級而絶遠。其文如風花之逐水，霜葉之委土，朝夕腐耳，豈有一言之幾乎古，可聞之將來乎？純甫獨信之，自余不可不謂之知己，定爲百年之快。恐純甫由此而取四海不知言之非也。」傳割截其語，以爲燧自信其文足以傳後，則殊非本旨。燧之所云鼓缶，亦自謙之辭，正謂純甫之愛其文如厭空桑之瑟而樂聞鼓缶耳。其人足傳，則其文亦必無不傳。而古人猶以知己不可多得爲悲。使其人而無可傳也，則其文疑亦不足以傳。而顧有好余之文若純甫者，不可謂非快也。文氣跌蕩，初非自敘。元史不知其意而謬加删節，「或謂世無知燧者」下便隔一「曰」字，便已不通矣。則信乎「讀而能句，句而能得其意者」之不易易也。

畏答兒博羅歡傳

元史畏答兒及其曾孫博羅歡兩傳，俱以姚燧所作神道碑爲粉本，多有不如本文且失其用意者。如姚云：「帝與王罕陳於曷刺真，彼衆我寡，敕兀魯一軍先發，其將术徹台玩鞭馬鬣不應。畏答兒請曰：『戰猶鑿也，匪斧不入。我爲先鑿，諸軍斧繼。』顧帝訣曰：『臣萬一不還，三黃頭兒將軫聖慮。』」元史改「玩」字爲「横」字，不知「玩」字雖生，卻并其神情意態寫出，改「横」字則成閒文矣。下改云：「畏答兒奮然曰：『我猶鑿也，諸君斧也。鑿非斧不入，我請先入，諸君繼之。萬一不還，有三黃頭兒在，惟上念之。』」此段斧鑿之喻，姚語簡而明，改語緐而舛；「我猶鑿也」句突而拙，「鑿匪斧不入」意轉鬆懈；下直接屬子於帝之語，與對諸軍自奮之語牽併一處，亦失節次。又姚文云：博羅歡「入覲，奏：『忙兀一軍戍北歲久，衣率故弊，請以臣泰安州五户歲入絲一斤，積四千斤，盡輸内帑，易爲匹帛，分賚諸軍』」。元史云：「入朝，請以泰安州所入五户絲四千斤易内庫繒帛，分給忙兀一軍。」不言其用意所由，則疑若私其所部以市恩矣。五户歲入絲一斤，亦可見其賦法。畏答兒受封泰安户二萬，則一歲所入正得絲四千斤。如欲省文，止當云「泰安州歲所入絲四千斤」，不當仍賸「五户」二字以疑誤後人。

吴逵傳

宋書以孝義傳吴逵也，云：「父母兄弟嫂及羣從小功之親，男女死者十三人。逵時病困，鄰里以葦席裹之埋於村側。既而逵疾得瘳，親屬皆盡，唯逵夫妻獲全。」凡五十字，乍讀竟似所埋者逵也，後若破土而出者，然事太不經。南史僅删去「弟」字及「逵疾得瘳」四字，亦尚有複沓處。晉書則云「合門死者十有三人，逵時亦病篤，其喪皆鄰里以葦席裹而埋之。逵夫妻既全」云云，只三十字，而敘次更分明，休文、延壽皆不及也。

宋書良吏傳

良吏傳有王歆之，諸本皆另行作專傳，目録良吏亦大書其名。萬承蒼云：「此傳内止敘歆之世出及所歷之官，竝未及居官政蹟，安得謂之循吏？大抵因江秉之傳末載孔默之與歆之薦太守李元德等五人，遂以歆之世系官位附記於此。其後又載申季歷、郭啟玄諸人。則自『王歆之字叔道』以下皆當接寫江秉之傳後，斷不可以歆之爲循吏中一人。目錄内王歆之三字并宜削去。」余謂王歆之當接寫江秉之傳後，此言甚當，南史固如此矣。謂歆之斷不可以爲循吏，此言非也。爲大使而能舉守令之爲循吏者，是即循吏也已，蓋當與李元德諸人俱附註江默之名下。南史循吏以吉翰爲首，翰乃酷吏，非循吏也。又宋書良吏阮長之傳云：「時郡縣田祿芒種爲斷，此前去官者，則一年秩祿皆入後人。」「始以元嘉末改此科，計月分祿。」長之去武昌郡，代人未至，以芒種前一日解印綬。」今本譌作「此前去官者，則一年秩祿皆入前人。此後去官者，則一年秩祿皆入後人」，又云「以芒種後一日解印綬」。此皆後人傳寫之謬，當以南史爲正，而今本亦不加校勘，疏矣。

陶潛傳

宋書陶潛傳云：「曾祖侃，晉大司馬。」晉書、南史並同。晉書又云：「祖茂，武昌太守。」考侃傳有子茂者爲散騎侍郎，官名互異，諸史多有之，不得以此爲非一人。乃近代山陽閻百詩徵君之子名詠者，辨淵明非侃之曾孫，以陶有贈長沙公詩序云：「長沙公於予爲族祖，同出大司馬。昭穆既遠，已爲路人。」大司馬當作右司馬，即漢高時功臣舍也。若侃果爲淵明曾祖，此襲公爵者方爲吾從祖昆弟之子，豈得曰「昭穆既遠，已爲路人」哉！余謂沈約去淵明未遠，紀載不應有謬。陶命子詩其五章云：「桓桓長沙，伊勳伊德。」其六章云：「肅矣我祖，惠和千里。於皇仁考，淡焉虛止。」文相承接，足爲明驗。如使非其所出，豈以靖節之高懷雅尚，而顧妄援近代一顯宦津津然稱道之以相誇詡哉！顧獨無解於路人之疑。余謂五世親盡則爲路人者，此其定名也。亦有親未盡而所居異方，所習異業，乍面至不相識，深叩之而後知其源之同者，近代亦多此。比此則淵明之所謂路人也已，正不必拘牽於五世親盡之詁訓也。閻又謂昭明太子誤讀陶詩而爲淵明作傳，不知休文已在前矣。今本南史：「陶潛字淵明，或云字深明，名元亮。」此後人所妄改也。宋書作：「或云淵明，字元亮。」蓋南史避唐諱，「淵」作「深」，而後人但熟淵明之名，於是易南史之「深」仍爲「淵」，而又疑或有深明一稱，故并改云：「字深明，名元亮。」鄭樵通志中所取者晉書也，於首數語反從南史之誤者，殊不可解。唐人又每稱爲泉明，豈可謂亦一字歟！

朱百年傳

「相得輒酣對飲盡懽。」案「飲」字衍，酣對即對飲，意已包矣。南史無「飲」字是也。

索虜傳

宋書索虜傳：燾與太祖書曰：「我顯然往取揚州，否彼翳行竊步也。」「否」字疑當爲「不如」二字之譌。

「若厭其區宇者，可來平城居，我往揚州住，且可博其土地。傖人謂換易爲博。彼年已五十，未嘗出户」云云。「傖人謂換易爲博」，非本書也，以訓釋閒厠其中。唐人序周禮廢興引馬融傳及鄭康成序，亦閒雜以辨釋之語。今似當改爲小注。諸經正義内多有連引經注不分隔者。

宋書后妃傳

傳首有兩段，係注與正文雜。如「貴嬪，魏文帝所制」以下十四字，又「昭儀，漢元帝所制」以下三十四字，皆當作小字旁寫。餘尚有譌誤，當以南史爲正。

「光興户主」當與「紫極户主」並，不宜置於下層。

孝懿蕭皇后傳：「『高祖踐阼，有司奏曰『伏惟太妃』云云，『臣等參受宋王太后號』，故有司猶稱太妃也。」案此段有脱文，至不可解。葢本當云：「『臣等參議，謹上尊號曰皇太后，宮曰宣訓。』高祖未受宋王太后號，故有司猶稱太妃也。」於「參」字下補十六字方明。

「沈美人者，太宗所幸也。」案「幸」字大誤，當作「所生」。後文云文帝沈婕妤，南史作明宣沈太后，皆即此沈美人也。

「文帝沈婕妤諱容」下本缺四字，今本作「不知何許人也」，於文不類，定係後人妄增。

明帝陳貴妃傳：「改諸國太妃曰太妃。」注：「妃音怡。」案字同而以其音别，決無此理。南史作「改諸國太妃曰太姬」，又「宮曰弘化」四字亦在「置家令一人」句上，皆當以南史爲正。

傅亮傳

亮乃傅咸之玄孫，此云祖咸，脱一「高」字。

「亮計出已夜。」新本改「計」爲「郎」，未是，從南史、通志改爲「既」可也。又此句上下文皆有「亮」字，竊以爲「亮」、「計」二字皆可省。

「奔缺。迪墓。」今本作「奔趨迪墓」，不成文，當考南史補「兄」字爲得。

「此先師所以鄙智，及齊客所以難日論也。」「日論」當作「目論」。范蔚宗論班固曰：「智及之而不能守之。嗚呼！古人所以致論於目睫也。」「目論」本史記越句踐世家。

謝晦傳

「瀡問晦年，晦答曰：『三十三。』瀡笑曰：『昔荀中郎年二十七爲北府都督。』」案下晦死時年三十七，則此爲荆州時，當從南史作三十五。又晉荀羨爲都督時，實年二十八，南史作二十九，亦錯互。

晦傳有兩庾登之：一爲晦司馬，不宜爲晦守城，即以司馬讓周超者，後原免之庾登之是也；一見晦檄中所稱南蠻司馬、寧遠將軍庾登之，即後所云同黨庾登之伏誅者是也。

「非砎石之圜照，孰達禍以取福？」「砎石」當作「砎石」。易「介于石」，釋文云：「古文作砎。」此「圜照」亦先見之義。

王鎮惡傳

「可擊，便燒其船艦。」案通志作「可擊，即擊之；若不可，便燒其船艦」。此脱六字。

此傳敍事甚爲拖沓。如既書高祖戒鎮惡語云「今云，但云劉兗州上」，又書鎮惡語「若有問者，但云劉兗州至」，下又云「津戍及百姓皆言劉藩實上」，一事而三次敍述，豈不可厭！

檀韶傳

「緒卒，無子，國除。祇子臻。臻卒，子遐嗣。齊受禪，國除。祇、弟道濟，竝別有傳。」此段舛誤殊甚，當改云：「緒卒，無子，以祇子臻嗣。臻卒，子遐嗣。齊受禪，國除。弟祇、道濟，竝別有傳。」上已云韶及弟祇、道濟等，故此處不須複出韶字。

汪澤民傳

「潮州府判官錢珍，以奸淫事殺推官梁楫，事連廣東廉訪副使劉珍。」案宋濂以汪克寬之請爲澤民神道碑，書此事云：「潮州判官錢珍挑推官梁楫妻劉氏，不從，誣楫冒糴官中米，殺之獄中。事連海北副使劉安仁」云云。案史之敘事尚簡，然於貞淫邪正之辨，必當分明，不可少有蒙混。楫妻亦貞婦，正宜牽連書之，以竝著其節。今但云以奸淫事而已，則與人通姦懼其失之覺而致之死者，曾何以異？作史者何惜此數字而不爲之一昭雪乎？廉訪劉安仁，今云劉珍，當由與錢珍相涉而誤。又澤民死時年八十三，史作七十，亦誤。克寬爲澤民族子，當可據也。

孝友祝公榮傳

傳云：「祝公榮字大昌。」案宋濂所作墓表，公榮乃字，而大昌則其名也。昔夫子於門弟子皆稱名，獨於閔子則稱曰「孝哉閔子騫」。說者謂夫子即因人之所稱者稱之耳。濂傳亦云「處之人士言孝友者，一則曰公榮，再則曰公榮，至今無閒言」云。然則變史之常例，而先舉其字，亦無不可，但下當云「名大昌」方合。

許謙傳

元史以謙爲觥之子，少孤，世母陶氏授以孝經、論語。考黄溍誌謙墓云：「觥無子，以從父兄貢士日宣之次子嗣，即謙也。陶乃其本生母。」諸史傳有以兄弟之子爲嗣者，多敘明其所自，此所敘從略，非也。日宣殆其字，名無可考，即但書其字，何嫌？

阿剌罕傳

至元六年敕中書參知政事許有壬爲銘，又爲祠堂碑，具載阿剌罕卒後贈謚，云：「年四十九，初贈協謀佐理功臣、太師、開府儀同三司、上柱國、曹國公，謚武定。加贈推誠宣力定遠佐運功臣，追封曹南王，謚忠宣。至正元年，敕建祠於集慶。」此皆不容不書者，而本傳失載。又傳云子拜降襲，卒，弟也速迭兒襲。考許有壬文皆言二子，一爲也速迭兒，官終集賢大學士；一爲脱歡，時以中書平章政事改南臺御史大夫，無所爲拜降者。又傳中蒙古漢軍上萬户，許作蒙古軍馬上萬户，似皆傳誤。

月乃合傳

馬祖常傳云曾祖月合乃，許有壬集正同，至祖常所爲碑銘，則稱月忽乃，足以證此傳之皆誤倒也。「贈輔國上將軍、恆州刺史」，當依碑作「贈鎮國上將軍、桓州刺史」。桓州即上谷郡。傳末附載祖常，亦失參勘，但當云曾孫祖常自有傳。

余闕傳

「闕妻耶律卜氏，及子德生、女福童皆赴井死。」宋濂集作妻蔣氏，子德臣，女安安，姓名稍不同。

何伯祥傳

傳云：「何伯祥，易州易縣人。」考郝文忠經爲其神道碑云：伯祥「字世麟，易州淶水季路里人」。又傳云「諸軍入宋境，察罕自他道遽還，諸軍倉皇失措。伯祥曰：『此必爲敵所遏』」云云。又云：「命爲五營，營火十炬。」又云：「天將明，令士卒速行而鳴鼓。」考碑載伯祥語曰：「由所來而歸，必爲敵所遏。不若出其不意，深入巢窟，彼不我測，乃可出也。」今删去「由所來而歸」一語，則「此必爲敵所遏」乃似懸料察罕之辭，並非本意。又碑云：「命人爲五竈，火十炬。」即增竈示衆之意，今改云「爲五營，營火十炬」，每營而秖十炬，反示減削，無此處置之理。又碑云：「黎明，令士卒盡行，而後鼓。」蓋使諸軍皆先退歸，令敵不覺，俟其既退，而復詐爲鼓，以示仍欲進戰之意，不使敵得即乘我耳。今云「令士卒速行而鳴鼓」，則行軍曲折全然不見。

吴澄傳

「其廟之宫，頗如今之中書六部。」案虞集作文正行狀云：「其廟之中，頗如今中書省六部對列。」危素所作年譜亦同。傳但欲辭簡，然不明白，似當從本文爲是。

郝經傳

「以有限之力，冒無限之險。」今本脱「力冒無限之」五字。「自西南隅抵東北隅。」今本脱「抵東北隅」四字。此皆鈔録脱誤。又「巨舶大艦，比次而至」。「比次」猶言櫛比鱗次也，今作「以次」，非是，皆當從集校正。

董士選傳

「有聚斂之臣爲奸利，事發，得罪且死，詐言所遣舶商海外未至，請留以待之。士選曰：『海商至則捕録之，不至則無如之何，不係斯人之有亡也。』」案吴文正撰神道碑敍此事云：「權姦桑葛即桑哥。及其黨皆抵罪，時相獨庇江淮省平章沙福丁。復立行泉府司，俾之典領，以徵舶商之輸，謂國家出財資舶商往海南貿易寶貨，贏億萬數。若沙福丁黜，商舶必多逃匿，恐虧國用。世祖信其言。士選曰：『國家竭中原之力以平宋，不得不取償於南方。然新附之地，人易驚疑。初，阿合馬以要束木賊湖廣，忽辛賊江淮，民曰此聖上未之知爾。及二賊誅，民曰聖上果不知也。桑葛以沙福丁賊江淮，其毒甚於忽辛，民怨之入骨，又曰聖上亦未之知也。今桑葛之黨皆逐，而沙福丁獨留，恐失民情。民情一失，收之甚難。得財貨之利輕，失民情之害重。何況海商家在中土，其往必復，行省自能裒其所有，何以沙福丁爲？』世祖瞿然曰：『此言是也。』」傳不著其名，又所載士選語遠不及碑之剴切。又傳不載士選卒及贈謚，但書「遷汴梁行省平章政事，又遷陝西」，下總敘其爲人而已。案碑云：「徙河南，不赴。仁宗初，與弟士珍俱召，除榮禄大夫、陝西行省平章。歲餘，謁告還，灌園種田，琴書自娱。卧疾五載，卒，年六十九。贈，集但書贈某功臣某官。追封趙國公，謚忠宣。」於例應書，作史者似未見此碑文，故不及採入。

金履祥傳

「有故人子坐事，母子分配爲隸，不相知者十年。履祥傾貲營購，卒贖以完。其子後貴，履祥終不自言，相見勞問辛苦而已。」案「勞問」乃世俗相見寒暄常語，不必贅「辛苦」二字。柳待制貫所作狀，本無之。前敘其天文、地形、禮樂、刑法、田乘、兵謀、陰陽、律曆之書，靡不畢究，傳獨少「刑法」二字，如以爲學者所不必講，則非矣。當是鈔者偶遺此二字，而於後復妄增二字以就行數耳。又「徽言懿行，宜後生所當法」，傳作「微言」，亦不如「徽」字之當。

郝經傳

「經還之歲，汴中民射雁金明池，得繫帛書，詩云：『霜落風高恣所如，歸期回首是春初。上林天子援弓繳，窮海纍臣有帛書。』後題曰：『至元五年九月一日放雁，獲者勿殺。國信大使郝經書於真州忠勇軍營新館。』」案此乃好事者因蘇武事而依託爲之者也。當時荀宗道撰行狀，盧摯撰神道碑，閻復誌墓，皆不書此事，即本集亦不載此詩。唯宋景濂曾見所爲帛書者，而題其後云：「帛書爲安豐教授王時中所得。延祐五年春，集賢學士郭貫出持淮西使節，獲見焉，遂奏於朝。敕中使取之。十一月，太保曲出、集賢大學士李邦寧以其書上仁宗，詔裝潢成卷，翰林、集賢文臣各題識之，藏諸東觀。而王約、吳澄、袁桷、蔡文淵、李源道、鄧文原、虞集皆有所作。當獲雁時，會公已北歸，故不以聞耳。或謂世祖見書，有『四十騎留江南，曾無一人如雁』之歎，遂興師伐宋。此傳會之談，不知有信史在也。」且云：帛書後題『中統十五年，即至元十一年，南北隔絶，但知建元爲中統也』。是當時皆信此事爲真有矣。不知九月非雁北鄉之期，夫人知之。今云九月於儀真放雁，三月於汴梁獲雁，皆非事理所有。而景濂信之，載入正史，亦好奇之過也。今傳更誤，作至元五年，又後人强作解事者之所妄改矣。

張庭珍傳

「連居親憂，起復南京路總管。」案姚文公燧誌其墓云：至元「十五年，改同知浙東道宣慰使，未行，改大司農。丁内艱，時軍興，法聞喪不得輒行。乞奔赴，不報。公願還所受制書，爲民行有。知不可奪，歸之」。「家居四年，又終外艱。十九年，以才起復，仍故官。」案奪情謂之起復，如誌所言，既云丁内艱，家居四年，又終外艱，則是已得終制矣，何云起復？得無沿世俗所稱耶？否則當云又丁外艱，不當云又終外艱也。庭珍遭母喪，至欲棄官行服，則其居父喪也亦宜不異。此等處有關大節，書法不應蒙混。

賀勝傳

虞伯生爲誌，所敘尤詳，云：世祖時天下初定，四方以遽聞者，上欲亟賜報。勝方少壯，能日馳千里，有使事輒見遣，復命無後期。或朝至而夕復出，亦不少憚也。故六詔西域、交廣之屬，無不至焉。吏有持上供物入宫門，迫暮不得出，所司奏誅之。勝曰：「此有故，非闌入也。」爭之，得不死。其書富人張弼事云：弼子殺人，獄具。丞相受賂，爲折辱留守，使易辭出之，勝持不可。史以爲實奴所殺，丞相受其賂，不爲直，亦微有異。

張珪傳

「御史大夫鐵失既行弑逆，夜入都門，坐中書堂，矯制奪執符印。珪密疏言：『賊黨罪不可逭。』」案密疏之云，殊覺突兀，考虞文靖集誌其墓云：鐵失「逕入中書，稱遽矯制，奪執符印」。「公顧無足與共事，而魏王徹徹禿以親王監省，公密撼之，王有感動意，因曰：『我世爲國忠臣，不敢愛死。事已若此，大統當在晉邸，我有密書，陳誅逆定亂之宜，非王莫敢致』」云云。據此，史當言「珪密疏晉邸，言賊黨罪不可逭」，增二字便分明。

史天澤傳

「笑乃觧觸怒忿民之從賊。」「怒忿」二字複，當删去「怒」字。又云：「時政煩賦重，貸錢於西北賈人以代輸。累倍其息，謂之羊羔利。民不能給。天澤奏請官爲償一本息而止。」案耶律楚材傳亦載此事，當是天澤奏行於真定等路，而楚材在中書，復推其法於各州郡也。西北賈人，宋子貞以爲回鶻。予又嘗見吳淵頴萊所爲富陽潘生傳，當大德間，江南大饑，生無所得食，自傭回鶻人。回鶻人得生，轉賣遼東。然則元時回鶻人之富而横，至於倍息牟利，販賣人口，皆彼所爲。廟堂之上不爲之禁，何邪？

明史藝文志

晉、隋、唐、宋之志經籍、志藝文者，皆兼載前代之書，其所不載，即可以知其亡佚矣。後世書籍倍多，亦有難悉其有無者，其不能偏載也固宜。今明史藝文志但專載有明一代之書。然古之爲志者，不拘拘於限斷而兼補前代之缺。竊以爲宋史所未及收，并遼、金、元之書，亦未嘗不可載入也。宋史藝文志最猥雜重複，殊失排纂之體，明志則有倫次矣。然如丘濬之大學衍義補曾經進御，當世亦莫不知有是書，而竟失載；文皇后勸善書既載於小學類之女學門，而於雜家類又複出仁孝皇后勸善書，此書亦不專爲壼範而設，又不當入雜家，但載於小學門可也；史部傳記類有顧璘國寶新編，考此書乃集其故交之遺文耳，當入集部總集類，而誤編入史部；諸帝實録，例書纂修官姓名，而於仁宗實録獨書監修之蹇義，又失載光宗寶訓四卷；其餘注釋古子史詩文，並多不録。范景文之南樞志，乃張可士、茅元儀所共編輯；胡宗憲之籌海圖編，實鄭若曾之書。即云功歸主者，然亦當分注於下，不没其實。其他若無列傳，不甚顯著者，亦當注其爲何處人，有事迹亦宜附見於下。至如兩王寵、兩陸釴之類，尤宜分析，庶不致後日難考。

梁儲

蕭山毛西河奇齡在史館，草梁儲傳，削其爲秦藩請地草敕事不書。既歸，又奉書於總裁曰：儲草制一事，載在通紀、列卿録梁儲本傳以及名山藏、李氏藏書諸書甚詳。嘗怪大政記不載其事，且編年月日則又各參錯不合。及細考實録，則由正德十二年間前後推尋，以迄於徧，並無秦王請地之事。夫藩府請地，予奪必書，如晉府請屯田、徽王請莊地類，明明可案，況此時當寧藩請復護衛之際，關繫匪小，豈有已經兵部科道盈庭執奏、中堂草制、宸斷獨止之一大事而實録不載者？及窮究其事，則在嘉靖三年實録中，有云：「先是，秦王惟焯奏：始祖分封之國，欽蒙太祖高皇帝敕賜潼關西、鳳翔東渭河灘地牧馬，高原山坡牧羊。今被豪民劉仲玉等占種。已而，仲玉等亦奏：祖額徵糧民地，被奸人捏作荒閒，投獻秦府。俱下户部議，移撫按查勘：原賜牧地，已有河灘，今秦府實欲侵奪民地，乃反稱舊賜夫潼關西、鳳翔東渭河兩岸，有華陰、岐山等十七州縣。如王所奏，近河牧馬、近山牧羊，則十七州縣之地盡屬秦府矣，而可乎？上曰：已之。」此實録文也，大抵請地只一事。觀實録開語即云「先此」，則其請非嘉靖年間可知。若云正德又一事，豈有相距止七八年，以大行特止之敕而無一援據者？世無是理。其辨甚明。今明史儲傳仍增入草制事，或有謂正德時因儲草敕，而後使撫按查勘，亦事理所常有者。予又以爲不然。既云廷臣執奏，則其所言利害，豈皆不及儲敕中數語？帝盡排羣議，而覩敕草，乃始適然驚，亦豈事之可信者乎？今以撫按之勘與儲之敕中語相較，孰爲明切？儲之空言，固不如實事之著明也。

附傳

史之有附傳也，馬、班俱不別標姓名，惟范蔚宗始有之，劉知幾所譏「厤短行於卷中，叢細目於標外」者是也。考附傳之體，或以行可比倫，或以事相首尾，或以先世冠篇，或以子孫殿後，絲牽繩貫，端緒可尋。晉、唐以來，率遵是式。然未有既非因事類敘，又不預爲提明而遽移乙就甲、强相併合者。明史薛斌傳以李賢附其下，吴成傳以滕定、金順附其下，徒以事迹寥落，不屑與爲特傳故耳。然非史法矣。何不略詳於表，而删去此傳之爲愈乎？至如陳選傳選爲中官，韋春誣奏，詔遣官會訊。引選所黜吏張褧，令誣證。褧不從，被拷掠，無異辭。選死，又上書訟其冤。其書俱載選傳。此義士也，於例正合顯標其名於陳選之下，而又不然。必當補之爲是。

孫承宗

明史孫高陽傳敘次磊落，亦足以見其爲人矣。予讀高陽詩，有一題云：「予起家應召，目不交睫者四十日矣。偶夜半韈脱，兩足相摩，快相得也。聞雞結韈，日不爲例。」此事史所不載。其英毅之氣，堅忍之力，處危苦之中而刻自振厲如此，至今猶栩栩如生。其幕下有歸安茅元儀字止生者，常贊畫軍務，後亦被逮謫戍。有詩集及雜説十數種。其一詩云：「邊圍不難靜，廊廟易爲喧。七尺若弗計，半職不肯捐。國辱如弗聞，努力爭片言。一朝風塵起，其散類飛煙。瞬息得少安，但誇飛鳶肩。鄙夫不可羣，不如守漁筌。」此詩切齒於廟堂之僨國事者徇私喧競，而使忠義之士不得有爲，最切中明末之弊。止生性豪邁，其詩格調不醇，又多狹邪之作，然能閒關從軍，遇事勇往，危言高論，切中事情，固可謂豪傑之士。孫傳兩見其名，其事則不能詳也。

酈埜傳

「既扈駕出關，力請回鑾。振怒，令與户部尚書王佐皆隨大營。」案王直爲公神道碑云：「權姦惡其數言事，欲疏之，敕與王佐隨老營。」此「欲疏之」三字不可削去，蓋使之不得常見上也。又傳云：「振怒曰：『腐儒安知兵事，再言者死。』棨曰：『我爲社稷生靈言，何懼？』」碑云：「何得以死懼我？」論語意當從碑爲是。辭簡而意不達，亦曷貴乎？

孝子李德成傳

「寇騎迫，母投河死。德成長，夢母曰：『我處冰下，寒不得出。』且與其妻王徒跣行三百里抵河濱，臥冰七日，冰果融數十丈。久之乃歸。」此段敍次有誤處。考劉三吾誌石云：「李孝子德成，淶水人。隨母避兵，暮夜抵巨馬河，去家里許。兵在後，母因自投河。」又云：「父早世藁葬昌平，離家三百餘里。」又云：「即往跳冰上，裸而卧，妻王亦跣拜卧所，如是七日。河面廣可十餘畝，悉化爲水。里中老人神其事，相率拜河上，請孝子歸。」此所敍乃當時實事。明史但書投河，不指言巨馬，故里數不明，乃誤以父所葬處之里數爲母没之處，謂與其妻徒跣行三百里，殊失事實，翻易以啟後人之疑矣。即「久之乃歸」四字，亦索然，必當云「里老相率請之，乃歸」，方合情事。

曾魯傳

「高麗遣使祭開平王，魯索其文視之，外襲金龍黄帕，文不署洪武年號。魯讓曰：

『龍帕誤耳。納貢稱藩而不奉正朔，於義何居？』使者謝過，即令易之。」案宋濂所撰碑書魯責使者之辭云：「龍帕固疑誤用。若納貢稱藩而不奉正朔，君臣之義果安在邪？」「皆命易去之。」今改云「龍帕誤耳」，文意不明。僭用龍帕與不書正朔自是兩失，魯之責辭，微分輕重，最爲得體，奈何改去？豈作史者誤認年號當書龍帕上邪？下「即令易之」，亦當作「皆令易之」。「於義何居」語泛，亦不如本辭之嚴。

吴與弼傳

吴與弼字子傅，非字子傳也。與弼跋石亨族譜，自稱門下士一節，傳引顧允成之言，斷以爲好事者爲之。竊以爲此正不必爲康齋諱。舉主之誼，自漢已然。康齋不求人舉而人自舉之，朝廷降敕遣使，就家徵聘，禮已隆矣，豈容不至？至則必與亨相見。以孔子答陽貨之饋一事衡之，即謂亨爲舉主，庸何傷？不避其迹，而顧欲辭其名乎？此正適如其分而止耳。今此跋見康齋集中，其門人婁克貞輩初不爲之少諱，亦可見其本不必諱也。黄黎洲宗羲謂亨薦康齋以炫耀天下，正欲自居舉主之名。向若不稱門下，則大拂其初願，先生必不能善歸其處，此殆有甚不得已焉者。余謂遜詞避禍，此亦尚有作用，在康齋祇順理以處而已。觀其囚服公庭，亦可見矣。

危素傳

傳云：危素，「唐撫州刺史全諷之後」。案宋濂所作墓碑：「素祖龍友，本黄氏子，來繼於危。」然則「唐撫州刺史全諷之後」九字不當書。又傳云：「兵迫史庫，往告，鎮撫吴勉輩出之。」案碑云：「輦而出之。」此「輩」字亦誤也。

王翱傳

傳云：「帝眷翱厚。時召對便殿，稱先生，不名。」案明代繼世之君有稱其臣先生者，大率皆以青宫舊學，故翱未必即得此稱。考彭時所爲神道碑云：「呼以老王而不名。」此乃實事，當從之。

徐善述

徐善述附鄒濟傳，云：「坐累死，與鄒濟同日贈太子少師。」考葉盛水東日記載永樂十六年仁廟爲太子時，與善述書問其疾。又善述卒後，遣鄒濟致祭，文中有云：「豈期一疾，遽然而逝。」又十七年十一月楊士奇等祭文亦云：「夫何一疾，竟殞厥身？」其非坐累死明矣。又仁廟即位後，諭、祭文稱其爲「故贊善，贈太子少保」。此云「太子少師」，亦非也。

劉定之傳

諸傳中所載章疏，删削繁蕪，撮其精要，如解縉、羅倫等疏，俱較之元本爲勝，微似助語節去過多，氣不甚流暢耳。此傳載其景帝時言事疏，中有云「未有若今日也。先乘勝直抵都城，以師武臣之衆。既不能奮武以破賊，又不能約和以迎駕」云云。此「師武臣」句竝非元本，乃改者之謬。左傳「師武臣力」明是相對成文，豈可删去「力」字但云「師武臣」乎？案元本是：「未有若今日也。先乘勝入寇，直抵京城，奉上皇以來。而天下之大，數十萬之衆，既不能奮武以破敵，又不能約和以迎駕。」作史者蓋因前已有「天下之大，數十萬之衆」二語，故易之，不知複舉何害？若如今所改本，直是厭厭毫無氣力。「衆」改「師」，「敵」改「賊」，皆遜元本。

藝文志

鄧球泳化類編一百三十六卷、雜記二卷，載史部雜史類，乃故事類又載鄧球續泳化編十七卷。案析置兩處，非是，宜併附雜史下。

雜家類載王可大國憲家猷五十六卷，下注云：「萬曆中，御史言内閣絲綸簿猝無可考，惟是書載之，遂取以進。」案顧起元敘此事云：神宗朝，「御史疏有言内閣絲綸簿者，奉旨詰問出何掌故，時倉卒他無可考，獨此書載有之，遂據以復奏」。今史翦截其文，殊失事實，使讀者昧厥所由，竟以檢尋故事於絲綸簿中，倉猝不得，而即取是書以相參證，然者大與本事相左矣。

坿論學札説十則

二顏警學語

顏延之云：「尊朋臨座，稠覽博論。而言不入於高聽，人見棄於衆視，則慌若迷塗失偶，黶如深夜撤燭，銜聲茹氣，腆嘿而歸。」顏之推云：「吉凶大事，議論得失，蒙然張口，如坐雲霧。公私宴集，談古賦詩，塞默低頭，欠伸而已。有識傍觀，代其入地。何惜數年勤學，長受一生愧辱哉！」噫！二顏之語，其形容不學之人，致爲刻酷。夫知不足然後能自反也，知困然後能自强也。若夫不知恥者，又安望其能免恥哉！

不言而躬行

或問馮少墟先生從吾云：「學者不言而躬行，何必講學？」曰：「此『言』字不是指講學。如人有好議論人及向人矜誇所長者，君子曰：『何必議人？何必誇人？』此則所謂不言而躬行也。若自家能孝能弟，不惟不自誇，而且歉然不自足，猶日講如何孝、如何弟；不惟不議人，而且廓然不自私，猶終日與人講如何孝、如何弟。此講學之言，正躬行之士不可一日無者也。可曰不言而躬行哉！」此段剖析極明徹。至云「講學不論人之信否，只是盡己」，此正聖賢人己兼盡之學也。

息

「君子以嚮晦入宴息。」息有止息、生息二義。朱子釋水火相息義云：「滅息而後生息也。」貞下起元，理實如此。孟子言夜氣之所息。俗間常言，乃以睡爲困。周萊峯思兼述唐一菴樞之言曰：「困字不好，古人只説息字。若困倦昏睡，反無益。所以黄昏時須静坐乃睡，明日方有精神。若一日勞役，至晚乘困倦便睡，明日精神殊減。」又嘗聞明李祭酒時勉督諸生課至二更即止，云三更乃陰陽交會之時，不可不養。此亦勤學者所當知也。

戚御史雪厓

明金華戚雄字世英，正德辛未進士。令建陽、南海，有聲，擢南御史，侃侃敢言。嘉靖中，坐劾武定侯郭勛黨比反賊李福達，落職歸里。以研索踐履爲功，學一本之程、朱。所著鄙見日鈔八卷，考究精審，權衡允當，洵佳書也。明史不爲立傳，是書亦不載藝文志。雄尚有雪厓文集及婺賢文軌等書，余所見者日鈔而已。

學道紀言

學道紀言五卷，又補遺、附録一卷，明雲閒周萊峯思兼日録所得以自體驗者也。嘉定陸翼王元輔曰：「余師陶菴黄先生深歎是書純正而精確，非程、朱之徒不能爲也。及訪諸鄉人，多詆其怪僻者，先生不信。後再三訪之，知爲篤實君子。甚矣！世俗之樂放達而惡拘檢也。蓋慶、曆之時，三王之學盛行，狂瀾既倒，非莊、列、釋、老不談，獨萊峯以正學砥柱其閒，宜衆吠之狺狺耳。余得此書讀之，其刻厲處誠不可及。然古今聖賢之精語，其可爲吾之藥石膏粱者何限？而萊峯則并氾濫於禪門釋典，其所述白雲禪師、高峯和尚等語，皆彼家了當義也。即謂與吾道無二致，可乎？擇之不精，殆有遺憾。」高忠憲攀龍序萊峯西齋日録即此書也。

哤言

哤言十卷，明方伯新安范涞原易之所著也。明史無傳，是書亦不載藝文志。考其言近有得於道者，其辨儒與二氏之異亦極明確。他所議論，皆可以藥輕浮淺躁之病。其門人詹光陛稱其律身嚴密，取予不苟，出處有道。果爾，則非徒有言者。俟得新安志再考之。明志集部載范栩明蜀都賦一卷，乃其仲子也。原易亦有文集，又有筆記，尚未之見云。

二氏與吾儒之異

范氏淶咙言云：「念起便掃，釋氏之學也；善念起便引而伸之，觸類而長之，吾儒之學也。」又云：「佛氏要空此衷，使形神相離；道家要守此氣，使形神相聚；皆是安排。吾儒之言則在正衷，非欲空衷也；在養氣，非欲守氣也；踐形窮神，盡其在己，還其在天。夭壽不貳，何安排之有？」

本朝魏環溪象樞庸言云：「仙欲一身長生，佛欲萬物元生，儒欲萬世之人生生不窮；其分量大小自見。」又曰：「爲仙爲佛，論死後地位；爲聖爲賢，論生前地位。此虛實有無之别。」

劉元城

劉元城安世爲言官，剛直不撓，今所傳盡言集十三卷，皆所上章奏也。不但避權貴而已，雖耆德宿望事有不可，必抨擊之無所回屈。然平情案之，亦有任氣之病，而未能悉合於中道。如吴處厚摘蔡確車蓋亭詩以爲誹謗，元城因請誅確，章凡十二上。時范純仁、彭汝礪謂恐開告訐之路，請薄其罪，元城遂以純仁等爲黨護。夫確誠小人，罰宜蔽罪，如以文字疑似之間從而陷之，一時雖似快意，而將來援以爲例，其流毒有不可勝言者矣。如東坡詩涉於譏議朝政者不少，然亦幸邀寬典，當時後世不聞謂之失刑也。蔡知安州，郝處俊正州人，著名前代，故詩及之，便以爲謗訕；「滄海揚塵」之句，又以爲悖逆。今亦無以斷其必不然，但以朝廷大體而論，此等皆可不必深求。蔡詩有一絶云：「紙屏石枕竹方牀，手倦抛書午夢長。睡覺莞然成獨笑，數聲漁笛在滄浪。」處厚謂：「方今朝廷清明，不知確笑何事？」噫！是其文致亦太酷矣，元城奈何右之？元城又有論歐陽棐疏，目爲回邪姦慝；又云與程頤、畢仲游、孫朴、楊國寶輩交結執政呂公著、范純仁子弟，參預密論，號爲五鬼。此皆出於當時愛憎之口，元城初不核實，徑行入告。棐乃永叔之子，固亦佳士，況正叔大儒，豈有結交權貴之事？觀乎此，益信知人之不易易，而窮理尤爲學者所當急務也。

元城云：「子弟寧可使終日不讀書，不可使一日近小人。」余嘗聞明儒之言：「人當見識未定時，尚不知何者爲君子，何者爲小人，唯有使之讀書習正業，則邪僻之人亦自無由得至此。」所見又殊勝也。

水喻君子油喻小人

魏環溪先生云：「偶見水與油，而得君子小人之情狀焉。水，君子也。其性涼，其質白，其味沖。其爲用也，可以浣不潔者而使潔。即沸湯中投以油，亦自分别而不相混。誠哉君子也！油，小人也。其性滑，其質膩，其味濃。其爲用也，可以污潔者而使不潔。儻熱油中投以水，必至激搏而不相容。誠哉小人也！」案此比喻極確。既知其所由分，而調停中立之説皆謬矣。

讀史札記跋

光緒辛卯冬日，從書友吴申甫假得此本。係傳鈔仁和勞君録本，原本不知歸誰氏矣。諸暨孫廷翰記。

光緒乙未孟冬，倩人至問清太史家鈔成此册。丙申仲夏，復照原本校勘一過，寄贈壓廎世兄先生刊入所纂叢書中，庶幾以慰勞、孫諸老九京之靈也。桐城蕭穆。

乙未夏南還，過滬瀆，謁桐城蕭敬敷世丈，先子友也，贈以余聚學軒叢書初刻。世丈乃出其鄉張孝廉春秋左傳杜注辨證，屬余刻入二編。且曰有抱經學士讀史札記，因懇代鈔，亦未刻書也。以入二編，符初書體例，皆國朝人經史撰述也。越年丙申秋，蕭世丈來寧，手此册示讀：「余惟讀史之難，一誤於作史者，一誤於説史者；而説史之謬，有過誣於作史者。余於浚儀、蕘所、韋佩、子京、貢父，亦無譏焉。然則史固不必説乎？史之作也，恃乎識。讀史之識能副乎作史之識，則不特能識説史之非史，而亦並能識乎作史之是史非史。後之讀史而因以識史，非是之恃而奚恃？抱經學士，今之王伯厚也。」曩見世丈所校漢書，本綴説精審，具窺史法。今讀此册，夙所疑者數則，若去癥結。其尤獲我心者爲兩大誼，則説史者之繆與作史者之繆，皆恃以澡吾識而因以鏡吾觀也，顧不快哉！光緒丙申十月貴池劉世珩冀鷃識。

右餘姚盧抱經先生讀史札記一卷，乃孫頤谷侍御從其藁本録出者，仁和勞氏、諸暨孫氏遞録藏之，至桐城蕭敬敷世丈倩鈔以貽予付梓，葢已數易寫官矣。蕭世丈多讀古書，好校書，與抱經先生同。此本之來，有蕭世丈朱筆點勘。手民初以宋式刊書字體呈樣，余覆核，凡見焉烏、帝虎及句讀凝澀處，檢閲原册，則硃點爛然。然後知老輩之不可及，深歎佩焉。又原書本從抱經先生葴稿録出，初無體例，又非盧先生所手定目次。其後數頁自「二顔警學語」起皆無與於讀史，頤谷之坿鈔者，特以其精博有裨學者讀書識力。書非鋟板，故未有區别。而蕭世丈所鈔，雖未剖其名義，然乃别起紙頭而不蟬聯於札記之後，葢雖合而仍分也。老成爲學，舉動不苟，於斯可見。茲之書人，竟連寫著一頁上，因令别録，而題檢仍曰盧抱經先生讀史札記一卷。坿論學札説十則，標目九則，而論元城則爲兩則，故曰十也。其曰論學者，以第一則標名警學也；其曰札説者，亦札記之誼，不敢乖原書本恉也。覆校既蕆，書其委折如是，因筆之。世珩又識。

校勘記

［一］鍾山札記目録第三卷「懷尉」原作「懷刷」，據正文改。

［二］鍾山札記卷一「虎賁」條臧庸案語引禮記樂記鄭注「憤，怒氣也」，查中華書局影印十三經注疏本禮記正義作「憤，怒氣充實也」。

［三］鍾山札記卷一「鴟鵂撮蚤」條引莊子秋水篇「鴟鵂撮蚤」，新編諸子集成本莊子集解作「鴟鵂夜撮蚤」。

［四］鍾山札記卷二「准」條引北史長孫肥傳「燕當傾」，中華書局校點本北史作「燕東傾」。

［五］鍾山札記卷二「興雨祁祁」條引經典釋文「本作興雲」，查黄焯彙校經典釋文彙校（中華書局，二〇〇六年）作「本亦作興雲」。

［六］鍾山札記卷三「潘岳挾彈盈果」條引晉書潘岳傳「滿車而歸」，中華書局校點本晉書作「遂滿車而歸」，是。「望塵趨貴」，中華書局校點本晉書作「拜塵趨貴」，是。傳曰：「岳性輕躁，趨世利。與石崇等諂事賈謐，每候其出，與崇輒望塵而拜。」

［七］鍾山札記卷三「内亂不與焉外患弗辟也」條温羨言「内亂不與，禮非所任」，中華書局校點本晉書作「内亂不與，禮非所在」。

［八］鍾山札記卷三「事訓傳誰訓推」條「東方人以物臿地中爲傳」，出史記集解，非正義。

〔九〕鍾山札記卷四「衛戴公文公即位年月」條引毛詩鄭箋「定星昏而正」，查中華書局影印十三經注疏本毛詩正義作「定星昏而正中」。

〔一〇〕鍾山札記卷四「氏與是同」條「上西陵氏、蜀山氏之氏」，原書作「上西陵氏、蜀山之氏」，今補一「氏」字。

〔一一〕龍城札記卷一「鞠躬鞠窮𥤮𥤮」條引爾雅「鞠、究，窮也」，「鞠」，宋本爾雅釋言（周祖謨爾雅校箋，江蘇教育出版社，一九八四年）作「鞫」。又謂儀禮聘禮、禮記康成注引「孔子之執圭」云云，似只儀禮聘禮康成注引之。

〔一二〕龍城札記卷一「潇爲溓之重文」條引素問「陰陽交，期在溓水」，查清武英殿聚珍版叢書本攻媿集卷六七「氷」作「水」，四部叢刊影明翻北宋本重廣補注黄帝内經素問陰陽類論作「水」，是。

〔一三〕龍城札記卷二「古人音喜悲」條引論衡書虚篇「性知音律」，查四部叢刊影明通津草堂本論衡作「性知音樂」。

〔一四〕龍城札記卷三「帳構」條引厲鶚樊榭集中魏景初帳構銅歌「旁出歧枝」，查四部叢刊影清振綺堂本樊榭山房集續集卷七「岐」作「歧」。

〔一五〕讀史札記「魏書太宗紀」條引隋書魏澹傳「二曰諸國君」，中華書局校點本魏書作「四曰諸國君」，是。

〔一六〕讀史札記「元史姚燧傳」條引姚燧送暢師文純甫序「定爲百年之快」，「定」，四部叢刊影元至正本國朝文類卷三十四所載姚燧此文作「足」，是。

〔一七〕讀史札記「王鎮惡傳」條引宋書王鎮惡傳「今云，但云劉兗州上」，中華書局校點本宋書作「今去，但云劉兗州上」，是。又引王鎮惡傳「津戍及百姓皆言劉蕃實上」，中華書局校點本宋書「蕃」作「藩」。

〔一八〕讀史札記「汪澤民傳」條「則與人通奸懼其失之覺而致之死者」，「失」，查元史汪澤民傳作「夫」，是。

〔一九〕讀史札記「余闕傳」條引元史余闕傳「耶律卜氏」，中華書局校點本元史作「耶卜氏」，是。

〔二〇〕讀史札記「張庭珍傳」條引姚燧撰志「大司農」，四部叢刊影元至正本國朝文類卷五十二所載姚燧南京路總管張公墓誌銘作「大司農卿」，是。「爲民行有」，國朝文類所載作「爲民行省」，是。

〔二一〕讀史札記「史天澤傳」條引元史史天澤傳「笑乃觧觸怒忿民之從賊」，中華書局校點本元史作「笑乃觧怒忿民之從賊」，「觸」字涉上而衍。

〔二二〕讀史札記「孫承宗」條引孫高陽詩題「日不爲例」，「日」，續修四庫全書第一三七〇册影清初刻嘉慶補修本高陽集卷五作「曰」。又「兩足相摩」作「兩足相盪」。

附録

書盧抱經先生札記後戊午

嚴元照

抱經先生喜校書，自經傳、子史，下逮説部、詩文集，凡經披覽，無不丹黄者。即無別本可勘同異，必爲之釐正字畫然後快。嗜之至老逾篤，自笑如猩猩之見酒也。窮日力於此，不暇自著書，文集而外，僅此兩札記耳。鍾山四卷，生前自付梓；龍城三卷，則身後所栞也。書院之在江寧者曰鍾山，在常州者曰龍城。先生歸田後，主講兩書院最久，故以名其書。總計若干目。元照讀此書不下數十過矣，愚管所及，輒題字上下。方乾隆六十年，先生殁於龍城，不能起九京而質之。烏虖！以元照爲求勝於先哲者，非知我者也；不知我之痛心於此書者，亦非知我者也！（悔庵學文卷八，湖州叢書本）

校盧抱經學士鍾山札記

錢馥

卷一：凡字兩合者可省，「民」止一字，何由省之？

案：「水」止一字，「攸」、「水」省其旁；「谷」、「水」省其中。何必兩合而後可省乎？

卷二：呂氏春秋察今篇「嘗一脟肉」，「脟」即「臠」字。「脟」乃从爯省，其下「又」與「寸」篆文亦相近，故可讀「臠」。又淮南繆稱訓「同味而嗜厚膊者」，高誘注：「厚膊，厚切肉也。」「膊」亦疑是「脟」字。

案：説文解字云：「脟，脅肉也。从肉，寽聲。一曰脟，腸閒肥也。」其讀爲臠者，猶鋝之或作選、史記平準書。或作饌、尚書大傳。或作撰。漢書食貨志。是音而假借，从爯省，「又」譌爲「寸」也。淮南繆稱訓「膊」字乃是「膞」字之誤。説文解字云「切肉也」。市沇切。

爾雅釋詁：苦，息也。郭注：「苦勞者宜止息。」意則是矣，而未有明證。案家語困誓篇：「子貢問於孔子曰：『賜倦於學，困於道矣，願息而事君，可乎？』」「困」、「倦」皆勞苦之意也，病而求息亦是。

案：詩小雅大東篇：「哀我憚人，亦可息也。」憚，勞也，可以爲證。

卷三：丒，从丑，象舉手之形。四點，米之象也。

案：丒，古文番。獸足謂之番，从又、十、𠆢。以象掌趾，猶釆之象獸指爪也。段借爲播字。不从丑。四點，亦非象米，與粡字所从不同。

卷四：説文「謐」出近世所改，从兮从皿，實無義。

案：謐，爾雅釋詁訓爲靜。徐楚金曰：「兮，聲也。」竊意是从謚省，兮聲。更可説者，兮，辭也，名器皿之辭曰謐。王褒賦云：「幸得謐爲洞簫兮。」（小學盦遺書三，一九九四年上海書店叢書集成續編影清風室叢刊本）

鄭堂讀書記題跋一則

周中孚

鍾山札記四卷龍城札記三卷抱經堂叢書本

國朝盧文弨撰。仕履見經部禮類。抱經以宏博之學，覃精考據，至老不衰。此二編皆其訂正經史傳記之語，凡名物訓詁、聲音文字，無不辨析精詳，足與顧亭林、閻潛丘方駕。曰鍾山、曰龍城者，乃其前後主兩處講席時著此二篇，因以名之。鍾山札記爲所自刻，前有自序。龍城札記，乃其没後，爲海寧錢馥所刻，目録後有錢跋。卷末附翁覃溪方綱。所撰墓誌銘。（鄭堂讀書記補逸卷二五，一九九三年中華書局清人書目題跋叢刊影一九五九年商務印書館重印本）

續修四庫全書總目提要三則

鍾山札記四卷抱經堂本

清盧文弨撰。文弨有儀禮注疏詳校，已著録。是編爲文弨歸田後，掌教南京鍾山書院，雜記考訂之屬也。嚴元照悔庵學文卷八謂文弨喜校書，窮日力於此，不暇自著書，文集而外，僅鍾山、龍城兩札記耳。鍾山札記，生前自付梓云云。其實文弨校勘經籍，固多可取，然失檢之處，亦復貽誤後學。至如詳説經義，更非其所長矣。此記亦以校勘爲多，實足以資人參攷。然如公羊宣六年傳：晉靈公使勇士某者，往殺趙盾。「入其大門，則無人門焉者；入其閨，則無人閨焉者；上其堂，則無人焉」。何休注前數句云：「焉者，於也。是無人於閨、門守視者也。」又注末二句云：「但言焉，絶語詞。堂不設守視人，故不言堂焉者。」文弨曰：「段若膺云：『依注，則前兩句當作則無人焉門者、則無人焉閨者。』余謂下句注當作『故不言堂者』，今本皆衍一『焉』字。此傳文及注，疑皆後人轉寫失之。」不知左氏傳屢以「門焉」爲言，雖攻守不同，其文則合。以「門焉」例「閨焉」，則傳文之不誤，殆無可疑。段説不足據也。文弨所言，更爲不合。何休之意，以此文「焉」字爲絶語辭，與上文「焉」猶「於」之訓略異。故上言「焉者」，此但言「焉」。不言「焉者」，正申釋注首「但」字之義。文弨引注删去「但」字，可知其未能詳繹傳注之旨也。又論語憲問篇子路、子貢疑管仲非仁二節，文弨引明顧憲成之弟允成曰：「此恐是齊人張大之辭，而託於孔子耳。或齊論語竄入魯論語中，未可知也。」文弨又引袁枚亦同此見，謂齊人最尊管仲，此必齊之弟子記之，上下章云云，非齊論而何？不知齊論、魯論，乃漢時齊、魯經生，各守師法，其分别在訓詁章句，竝非齊論是一書，魯論又一書也。且此謂漢代之齊、魯，非指周之齊、魯。今觀顧、袁之言，以爲周之齊、魯；且謂此章是齊論，彼章是魯論，尤屬令人駭怪。顧氏兄弟不通經術，枚亦浮夸之士，發此謬論，本不足責。文弨粗知學者，不特不加駁詰，反深信其説，無怪其有「盧即老矣」之誚也。（孫人和撰，中國科學院圖書館整理續修四庫全書總目提要（稿本），齊魯書社，一九九六年，第十三册，子部雜家類）

龍城札記三卷校經山房本

清盧文弨撰。文弨有儀禮注疏詳校，已著録。是編爲文弨掌教常州龍城書院所記述者。其體例與鍾山札記同。鍾山札記，生時所刊，此則文弨寫定，歿後所刊也。其間謂韓詩外傳之「覆杼」當作「覆杅」，史記之「鄡單」即家語之「縣亶」，皆精塙不磨。其他雜考，亦多可信。惟文弨不精音切，時有疑誤。如論鞠躬一節，説本不誤，然以鞠窮爲是，鞫躬爲非，是知其一而不知其二也。錢馥識語，謂鞠窮非雙聲，則又知今而不知古矣。須知今以同紐爲雙聲，古時同屬喉、牙或舌、齒、脣各部，皆爲雙聲連語。鞠躬與鞠窮，皆雙聲。故鄭注論語云：「鞠窮，自斂之貌也。」又論古音字曰：「漢書注縣名莫魁下音㣅怛，狋氏下音權精。此自音魁爲怛、音狋爲權耳，非連莫讀㣅、併氏讀精也。」莫魁之説是，狋氏之説非也。漢書地理志「代郡」注引孟康曰：「狋音權，氏音精。」廣韻十四清精紐有氏字，云：「狋氏，縣名。」則氏之讀精，殆無可疑。㣅怛成文，故不連莫讀㣅。若權、精二字，義不相屬，自當併氏讀精。月氏之氏音支，故與精音相近。文弨未能明于此耳。「象恭滔天」，引徐文靖説，以爲帝謂共工貌若恭順，而洪水仍致滔天云云，終不合于經旨也。（孫人和撰，續修四庫全書總目提要，第十三册，子部雜家類）

讀史札記一卷 聚學軒叢書本

國朝盧文弨撰。文弨字紹弓，號磯漁，又號檠齋，晚號弓父。餘姚人，遷杭州。乾隆壬申一甲三名進士，授編修，官至侍讀學士。生平精於讎校，朱墨並作，諟正積非。自著書唯鍾山札記、龍城札記刊行。此册孫志祖從其叢稾録出，非所手定。仁和勞格得嚴元照校本，孫廷翰、蕭穆遞録藏之。以貽劉世珩付梓，附論學札説十則。雖非文弨經意之作，然如謂晉、隋、唐、宋之志經籍、志藝文，皆兼載前代之書，其所不載，可知其亡佚。明史藝文志但專載有明一代之書。然古之爲志者，不拘拘於限斷，而兼補前代之闕。宋史所未及收，并遼、金、元之書，亦未嘗不可載入。宋史藝文志猥雜重複，明志則有倫次。然如丘濬大學衍義補曾經進御，而竟失載；文皇后勸善書載於小學類之女學門，而雜家類又複出仁孝皇后勸善書；史部傳記類有顧璘國寶新編，乃集其故交遺文，當入集部總集類。又謂鄧球泳化類編、續泳化編，史部雜史類、故事類析置兩處；雜家類載王可大國憲家猷，注與本事相左。其立説殊精審，足以啟迪來學。（楊鍾羲撰，續修四庫全書總目提要，第三册）

清人筆記條辨一則

張舜徽

鍾山札記四卷　龍城札記三卷抱經堂叢書本

杭州盧文弨撰。文弨字召弓，號磯漁。乾隆十七年進士，官至侍讀學士。晚年主講江浙各書院，以經術導士，從游者甚衆。一生從事校書，自經傳、子史、説部、詩文集，凡經披覽，悉加丹黄。後合刻校記，成羣書拾補。又有抱經堂文集行世。

鍾山札記卷一篇卷條有云：「篇即卷也。漢藝文志：太史公百三十篇。有謂其無卷數；裴駰爲集解，則分八十卷；隋志始以一篇爲一卷。此語殊不然。漢志易皆言篇，詩皆言卷，其餘一類之中，或篇或卷不一，後每種各結之云：凡若干家，若干篇。至末總結其數云：『大凡書六略三十八種，五百九十六家，萬三千二百六十九卷。』此非篇即爲卷乎！」按篇卷之分，名異而用同。大氐簡策則謂之篇，縑帛則謂之卷，其實一也。然校其所載文字之多寡，則卷之爲用廣於篇矣。爾雅十九篇，統歸上、中、下三卷，其明徵也。蓋篇之與卷，亦有不可混而爲一者，此類是已。

卷三鄭康成周禮序條云：「鄭康成有周禮序，見於賈公彦序周禮廢興篇中。近刻鄭司農集，未及採入。殆以文不全，且雜以公彦語，别白爲難故也。今姑以其灼然可知者録於此。序云：『世祖以來，通人達士、大中大夫鄭少贛名興，及子大司農仲師名衆、故議郎衛次仲、侍中賈君景伯、南郡太守馬季長，皆作周禮解詁。』又云：『玄竊觀二三君子之文章，顧省竹帛之浮辭。其所變易，灼然如晦之見明；其所彌縫，奄然如合符復析，斯可謂雅達廣攬者也。然猶有參錯，同事相違，則就其原文字之聲類，考訓詁，捃祕逸。謂二鄭者，同宗之大儒，明理于典籍，觕識皇祖大經周官之義，存古字，發疑正讀，亦信多善，徒寡且約，用不顯傳于世。今讚而辨之，庶成此家世所訓也。』『其名周禮爲尚書周官者，周天子之官也。書序曰：成王既黜殷命，滅淮夷還歸，在豐作周官。』『斯道也，文武所以綱紀周國，君臨天下，周公定之，致隆平龍鳳之瑞。』『玄以爲括囊大典，網羅衆家。』」按此段文字，亦見抱經堂文集卷十三書鄭司農集後。盧氏從賈公彦序周禮廢興中抽出鄭君遺文而表彰之，實有闡幽之功。自「世祖以來」至「庶成此家世所訓也」，二段共一百八十一字，辭氣相貫，斐然成章，其爲鄭君遺文，斷可無疑。其下又掇拾三條，别白不易，是非難定，加以文義殘缺，未必爲鄭君遺文也。盧氏亦取以綴聯之，過矣。後之輯北海遺文者，若嚴可均全後漢文内鄭玄集，乃並此一百八十一字之遺文而亦未收入，豈未見盧氏此言耶？不可解也。

卷三大題小題條云：「古書大題多在小題之下，如『周南關雎詁訓傳第一』，此小題也，在前；『毛詩』二字，大題也，在下。陸德明云：『馬融、盧植、鄭康成注三禮，並大題在下。』班固漢書、陳壽三國志，題亦然。蓋古人於一題目之微，亦尊守前式而不敢紛亂如此。」按大題、小題之分，起于書籍之爲卷軸式。卷軸多，則疊積直陳于插架，而軸之下端悉向外。每軸下端，懸以牙籤，標記書名；每卷開首之上端，又分標篇題，如書畫藏家之題手卷然。即以詩言：「周南關雎詁訓傳第一」，此題在每卷開首上端之篇名也，故曰小題在上；而軸之下端，牙籤上但記「毛詩」二字，故曰大題在下。其後卷軸易爲册葉，鈔書者率依舊式爲之，故小題在上，大題在下，亦仍而未改耳。

卷四史漢目録條有云：「史記、漢書書前之有目録，自有版本以來即有之，爲便於檢閲耳。然於二史之本旨，所失多矣。夫太史公自序，即史記之目録也；班固之敍傳，即漢書之目録也。乃後人以其艱於尋求，而復爲之條列以繫於首。後人又誤認書前之目録，即以爲作者所自定，致有據之妄訾謷本書者。」又云：「古書目録往往置於末，如淮南之要略，法言之十三篇序皆然。吾以爲易之序卦傳，非即六十四卦之目録歟？史、漢諸序，殆昉於此。」按呂氏春秋十二紀本在八覽、六論之後，而序意居十二紀之末；説文解字十四篇分立五百四十部既竟，復有敘篇殿尾，皆目録也。今刻本卷首皆有目録，乃後人所加耳。盧氏此條與錢大昕十駕齋養新餘録卷中所言，若合符契，可以互明。

卷四兩排讀法條有云：「古書兩重排列者，皆先將上一列順次排訖，而後始及於下一重。自後人誤以一上一下讀之，至改兩重爲一列，亦依今人所讀，而大失乎本來之次第矣。後漢書馬武傳後所載雲臺二十八將，昔人頗多致疑。薛季宣、王伯厚始從而正之，後人並曉然於其故，今可不論。」按雲臺二十八將敘次之亂，盧氏已於絜齋集書後一篇中詳言之，見抱經堂文集卷十三，故於此條云：「今可不論。」其實此論不發自盧氏，在南宋時，羅點聞見録已先言之。其次，王應麟小學紺珠卷六二十八將條所列姓名次第，亦猶未誤也。後經傳寫，誤以一上一下讀兩重排列之文，致有此失耳。

龍城札記卷一僞尚書古文不可廢條云：「尚書僞古文，東晉時始出，宋、元以來，疑者衆矣。近世諸儒攻之尤不遺餘力。然雖知其僞，而不可去也。善夫白田王氏之言曰：『東晉所上之書，疑爲王肅、束晳、皇甫謐輩所擬作，其時未經永嘉之亂，古書多在。採摭綴緝，無一字無所本。特其文氣緩弱，又辭意不相連屬，時事不相對值，有以識其非真；而古聖賢之格言大訓，往往在焉，有斷斷不可以廢者。至於姚方興之二十八字，昔人已明言其僞，直當黜之無疑。』此爲持平之論，後人可不必更置喙矣。」按王氏所論，不失爲有識。然清初諸儒，多見及此。若方苞言及古文尚書，則疑其文明暢易曉，必秦、漢間儒者得古文原本，苦其奥澀，而稍以顯易之辭更之，其大體則固經之本文。見望溪文集卷一讀古文尚書。與王氏之言，固桴鼓之應也。方、王生同時而相友，又嘗以書札往還論學，沆瀣一氣，不足怪也。余嘗以爲學者如遇僞書而能降低其時代，平心静氣以察其得失利病，雖晚出贋品，猶有可觀。東晉所出古文尚書及孔安國傳，固全僞矣，姑作魏、晉人書讀，必有可取者，又不容一概鄙棄也。

卷二婦人亦稱丈人條云：「顔氏家訓風操篇：『自古未見丈人之稱施於婦人。』以此譏周宏讓。案論衡氣壽篇：『人形一丈，正形也。名男子爲丈夫，尊公嫗爲丈人。』又史記荆軻傳敍高漸離擊筑事，有『家丈人』語。索隱引韋昭云：『古者名男子爲丈夫，尊婦監本作父。嫗爲丈人。故漢書宣元六王傳所云丈人，謂淮陽憲王外王母，即張博母也。又古詩云：『三日斷五匹，丈人故嫌遲。』以上皆小司馬説。今本史記正文『丈人』作『大人』，而舊本皆作『丈人』。蓋本是丈人，故索隱先引丈夫發其端。若是大人，則漢高、霍去病等皆稱其父爲大人，小司馬胡不引，而反引張博母乎？亦不須先言丈夫也。古樂府又有『丈人且安坐，丈人且徐徐』之語，乃婦對舅姑之辭。至『丈人故嫌遲』，意偏主姑言，是姑亦得稱丈人也。顔氏謂古未見以丈人施諸婦人，此語殊不然。」按丈之爲言杖也，凡年老扶杖而行之人，古皆稱爲丈人，故男女之年老者皆得稱之。周易師卦：「丈人吉。」王注云：「丈人，嚴莊之稱。」孔疏云：「丈人，謂嚴莊尊重之人。」曷嘗區分男女乎？後世稱妻父爲丈人，乃晚出俗名，非古人所知。（中華書局，一九八六年）